# CONTEMPLER AVEC LES PHILOSOPHES ANTIQUES

I0117186

*Loyev Books*

# CONTEMPLER AVEC LES PHILOSOPHES ANTIQUES

## Une approche de la « Deep Philosophy » appliquée aux penseurs du passé

par
# Ran Lahav

**Graphisme et Dessins par Karin Fechner**
**Traduction en français par Florent Couturier-Briois**

Loyev Books

Hardwick, Vermont, USA

https://dphilo.org/books

Titre original en Anglais: *Contemplating with Ancient Philosophers*

(Loyev Books, 2023)

Traduction française par Florent Couturier-Briois

Copyright © 2024 Ran Lahav

Copyright du texte original en anglais © 2023 Ran Lahav

Dessins Copyright © 2023 Karin Fechner

Tous droits réservés

ISBN-13: 978-1-947515-26-0


Loyev Books

1165 Hopkins Hill Rd., Hardwick, Vermont 05843, USA

https://dphilo.org/books

Am(1.5)

# Table des Matières

*Loyev Books*

# INTRODUCTION

## Dialoguer avec les philosophes antiques

Le sujet de ce livre est la philosophie occidentale antique, mais ce n'est pas un livre d'histoire ordinaire. Son principal objectif n'est pas de résumer ce que les philosophes antiques ont écrit, mais d'inviter les lecteurs à « résonner » avec les idées de ces philosophes d'une manière créative et personnelle.

Par la « résonnance » avec un texte philosophique, nous entendons par là de nous engager dans un dialogue personnel avec lui, un peu comme le dialogue entre le saxophone et la trompette dans une session de jazz improvisée. Les deux instruments ne discutent pas de la musique de chacun d'entre eux mais jouent plutôt côte à côte, se répondant l'un et l'autre, se complétant mutuellement, et créant ensemble une nouvelle œuvre musicale.

De la même manière les lecteurs de ce livre sont invités à « jouer aux côtés » des philosophes antiques et à créer leur propre musique philosophique.

Bien sûr, afin d'entrer en résonnance avec un philosophe donné, nous devons tout d'abord comprendre ce que ce philosophe a écrit. Le saxophoniste doit entendre ce que la trompette est en train de jouer afin de résonner avec elle d'une manière appropriée. Pour cette raison, chaque chapitre de ce livre est composé de deux parties : premièrement, d'une exposition brève d'une idée sélectionnée du philosophe en question ; et deuxièmement, de suggestions de manières d'entrer en résonnance avec cette idée.

Lorsque nous résonnons avec les idées des philosophes antiques, nous sommes en effet en train de converser avec la réalité et avec des problèmes fondamentaux de l'existence, ce qui relève du thème essentiel de la philosophie. L'histoire de la philosophie contient une grande diversité d'approche qui se sont développées de manière complexe au cours de nombreux siècles, mais dans la mesure où elles sont philosophiques, elles font toutes quelque chose de similaire : elles s'engagent dans une discussion systématique des problèmes généraux et fondamentaux de l'existence, et tentent de les résoudre en construisant des théories générales à leur sujet.

Dans ce livre nous nous concentrerons sur des penseurs choisis de la philosophie antique. Selon la définition courante, la philosophie antique (en occident) inclut le discours historique qui a fait son apparition dans la Grèce antique il y a plus de vingt-cinq siècles, autour du VIe av. J.-C, et qui a duré plus de mille ans jusqu'à la chute de l'empire romain et de l'ascension du christianisme au pouvoir, aux alentours du Ve siècle apr. J.-C. Comme nous le verrons, les problèmes explorés par ces penseurs de l'Antiquité conservent pour nous toute leur actualité.

Ce livre est une étude interactive de quatorze philosophies antiques influente, et un guide pratique de contemplation de leurs plus profondes intuitions. Il considère les philosophies antiques non pas seulement comme de simples théories appartenant au passé mais comme des points de départ pour une exploration en propre et toute personnelle du lecteur.

Les exercices contemplatifs présentés ici ont été développé au sein de la pratique de groupe de la communauté internationale de la Deep Philosophy, qui est une approche de la réflexion philosophique de problèmes existentiels à partir de notre profondeur intérieure.

Pour en apprendre plus sur cette approche, vous pouvez consulter le site internet à l'adresse suivante : https://dphilo.org/

# LES PHILOSOPHES PRESOCRATIQUES

La philosophie occidentale est née au VI<sup>e</sup> siècle av. J.-C dans le monde de la Grèce antique. C'était la première tentative systématique connue de L'Occident de comprendre le monde en termes de principes généraux et universels, et de les décrire sous la forme de théories. Les premiers philosophes Grecs ont développé des théories au sujet du monde naturel, à propos des lois qui gouvernent l'univers, ainsi que sur la nature humaine et le comportement éthique. Il a fallu moins de deux siècles pour que les plus grands philosophes de l'antiquité de l'histoire occidentale apparaissent sur scène : Socrate (V<sup>e</sup> siècle av. J.-C), son étudiant Platon (V<sup>e</sup> - IV<sup>e</sup> siècle av. J.-C), et l'étudiant de Platon, Aristote (IV<sup>e</sup> siècle av. J.-C). L'influence de ces trois penseurs sur la philosophie ultérieure a été profonde, et ils peuvent être regardé comme des piliers majeurs de la pensée occidentale. Les penseurs qui ont philosophé avant eux sont communément dénommé *les philosophes présocratiques*.

Nombreux des philosophes présocratiques ont écrit des livres, mais malheureusement, nous les avons définitivement perdus. Il n'en reste aujourd'hui seulement que des fragments, qui sont des citations des philosophes de l'antiquité ultérieur qui les ont cités.

# Chapitre 1

# LES $\mathbf{M}$ ILESIENS

## THEORIES

## Introduction

Les premiers philosophes occidentaux connus ont vécu au VIᵉ siècle dans la cité de Milet, localisée sur la côte ouest de l'actuelle Turquie. D'après ce que nous savons, les trois premiers penseurs Milésiens étaient Thalès, Anaximandre et Anaximène, et leur innovation était un nouvel agenda intellectuel : expliquer le monde naturel d'après un petit nombre de principes universels. Avant eux, il était commun de comprendre les phénomènes naturels en termes de dieux, d'esprits, ou d'autres entités surnaturelles qui contrôlaient vraisemblablement les évènements dans le monde selon leur volonté propre. Pourquoi, par exemple y a-t-il de la pluie sur terre ? Un esprit pré-philosophique pourrait répondre que le dieu de la pluie a la volonté de faire pousser les plantes et de faire que les animaux prospèrent. Par opposition, l'idée de principes généraux et impersonnels qui s'appliquent à toute chose était révolutionnaire.

Les penseur Milésiens se sont particulièrement intéressés à la composition du monde naturel, et ont utilisé diverses considérations pour déterminer la substance de base dont sont faite toute chose : tout est fait d'eau (Thalès), d'une substance indéfinie (Anaximandre), ou d'air (Anaximène).

Nous savons aujourd'hui que ces premières théories sont incorrectes (le sable par exemple n'est pas fait d'eau), et cependant elles représentent une façon nouvelle de penser. A plusieurs égards, ces premiers philosophe ont franchi un pas décisif vers la pensée philosophico-scientifique : ils ont développé des théories universelles qui portent sur le monde ; ils ont distingué entre la manière dont le monde nous apparaît et sa structure dissimulée et fondamentale sous-jacente ; Ils ont expliqué tous les phénomènes en terme d'un petit nombre de principes de base ; ils ont proposé que toute matière soit faite de composants fondamentaux ; et ils ont reconnu le pouvoir de la raison dans le développement d'une compréhension systématique de la réalité.

## Comment pouvons-nous comprendre notre monde ?

Concentrons notre rencontre avec les premiers philosophes sur la notion de compréhension. C'est un sujet important dans nos vies – nous cherchons tous à nous comprendre nous-mêmes et à comprendre notre monde, et c'est aussi ce qui préoccupait les premiers philosophes.

Imaginons que nous vivions quelque part dans la région méditerranéenne il y a 2700 ans, juste avant la naissance de la philosophie occidentale. En tant que personnes réfléchies et sensibles, nous nous émerveillons de la profusion du monde qui nous entoure, de ses myriades de créatures et d'objets, de ses multiples formes et couleurs et de ses innombrables variations sonores. Nous nous en étonnons :

Quelle relation devrions-nous entretenir avec cette merveille cosmique ?

Plusieurs options s'offrent à nous. Nous pourrions, par exemple, célébrer la nature par la danse et la musique. Nous pourrions également conclure qu'une puissance divine est à l'œuvre derrière les événements naturels et la prier pour qu'elle nous protège. Nous pourrions aussi nous inspirer de la beauté de la nature pour composer de beaux poèmes et de belles peintures. Nous pourrions également méditer en silence et ne faire qu'un avec l'univers.

Mais les premiers philosophes occidentaux, il y a vingt-six siècles, ont choisi une approche intellectuelle différente. Ce qu'ils voulaient, ce n'était pas seulement célébrer ou manipuler des puissances secrètes, mais avant tout chercher à comprendre - non seulement comprendre tel ou tel détail, mais comprendre la nature dans sa globalité. Prenez du recul, nous disent-ils, et réfléchissez attentivement et objectivement : pourquoi le monde est-il ainsi ?

Et si nous leur prêtons attention, nous nous retrouverons dans le domaine de l'explication rationnelle.

Mais quel genre d'explication rationnelle pourrait satisfaire notre quête de compréhension du monde naturel ? Devrions-nous le comprendre comme le produit de la volonté des dieux ? Ou comme un champ de bataille où se jouent les luttes entre les puissances du bien et les puissances du mal ? Ou comme un organisme cosmique qui croît et se développe au travers de l'histoire vers un certain objectif – la perfection par exemple ?

## Des théories

Les premiers philosophes occidentaux ont choisi une voie alternative : oublions les mythes et les légendes, comprenons le monde en termes de principes universels. Il s'agira de lois objectives qui s'appliquent à tout, sans laisser de place aux caprices personnels de puissances surnaturelles.

Nous entrons ainsi dans le domaine de la compréhension philosophico-scientifique. En utilisant des principes objectifs, nous pouvons construire une théorie générale de la nature. Thalès, par exemple, le premier philosophe, a théorisé que tout est fait d'eau. L'eau, pensait-il, est la substance fondamentale qui se transforme de la glace en eau liquide et de l'eau en vapeur – et qui, par extension, peut se transformer en n'importe quoi d'autre dans la nature. Anaximandre proposa une théorie différente. Il aurait ainsi déduit que la substance fondamentale du monde ne peut être une matière visible spécifique telle que l'eau, mais doit être une substance indéfinie qui n'a pas de qualité spécifique. Le troisième philosophe, Anaximène, a théorisé que tout serait composé d'air, peut-être parce que l'air donne la vie aux êtres vivants qui le respirent.

Nous pensons désormais en termes de théories philosophiques de la réalité. Bien des siècles plus tard, après la naissance de la science moderne, nous entendrons dire que tout est fait d'atomes, d'électrons ou de quarks – mais à bien des égards, l'idée de base restera la même.

*Quelques concepts clefs auxquels réfléchir :*

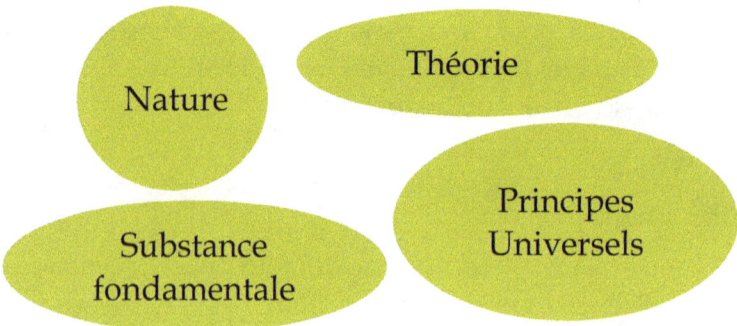

Nature

Théorie

Principes Universels

Substance fondamentale

## Contemplation

Après ce bref aperçu des idées des penseurs milésiens, engageons un dialogue personnel avec eux. Cela signifie que notre objectif ne sera plus de chercher à assimiler ce qu'ils ont dit, mais de chercher à développer nos propres intuitions en réponse aux leurs.

À cette fin, nous allons contempler. Par « contemplation », nous entendons une réflexion profonde en nous-mêmes à la recherche de nouvelles intuitions, par opposition à l'intellectualisation dans l'abstrait et à l'imposition d'opinions toutes faites. Dans la pensée contemplative, nous nous mettons intérieurement à l'écoute et laissons les idées surgir dans notre esprit. Il peut en résulter de nouvelles et profondes perspectives, souvent accompagnées d'un sentiment d'émerveillement, de silence intérieur et de préciosité.

La contemplation est quelque peu similaire à la méditation en ce sens qu'elle exige que vous atteigniez un état d'esprit spécial empreint d'une grande vigilance. Cependant, contrairement à de nombreuses formes de méditation, la raison d'être de la contemplation n'est pas le silence intérieur pour lui-même, mais une profonde compréhension des idées. L'état d'esprit contemplatif n'est pas facile à réaliser. La tendance automatique de notre esprit est d'analyser, de juger et d'exprimer des opinions, et il faut de la pratique pour s'écarter de ces tendances et ouvrir un espace d'écoute intérieure.

Ici, nous mènerons trois formes de contemplation philosophique : *la contemplation thématique, la contemplation visuelle* et *la contemplation d'un problème.*

## 1. Contemplation de texte

Les quelques fragments suivants ont été préservés dans les écrits d'Anaximandre. Il y expose sa théorie ambitieuse : tout dans la nature est fait de la même substance fondamentale, à savoir *l'Apeiron*, qui signifie en Grec le non-limité ou l'indéfini. Il s'agit d'une substance indéfinie en ce sens qu'elle n'est ni bleue ni jaune, ni dure ni molle, ni lourde ni légère, mais plutôt dépourvue de toute qualité.

En lisant ces fragments, réfléchissons à l'idée – si largement acceptée aujourd'hui mais si novatrice à l'époque – selon laquelle la pensée théorique peut nous permettre d'accéder à la structure dissimulée du monde. Les théories peuvent donner du monde une image très différente de celle qui apparaît à nos sens. Considérez les choses familières qui vous entourent – des arbres, des pierres, des chaises et des maisons, ainsi que les corps de vos amis et votre propre corps – et essayez de les imaginer comme des amas de choses indéterminées, comme nous le dit Anaximandre, ou peut-être comme des grappes d'atomes minuscules, comme nous le disent les théories scientifiques modernes. Le monde n'est plus ce que vous supposiez qu'il était !

Que vous inspire ce type de réflexion théorique ? Comment modifie-t-il votre attitude à l'égard du monde qui vous entoure, de vous-même et des autres ?

Contemplez ces questions tout en lisant le texte d'Anaximandre silencieusement et lentement, en savourant les mots et les images et en les laissant s'exprimer dans votre esprit. Vous voudrez peut-être lire le texte de cette manière plusieurs fois, encore et encore, et noter le flux d'idées qui surgit en vous. [1]

1. *Le Non-Limité est l'origine de toutes choses.... C'est la source de laquelle naissent les choses et dans laquelle elles retournent lorsqu'elles meurent, comme le veut la nécessité, car elles se rendent mutuellement réparation et satisfaction pour leur injustice [= leur déséquilibre] conformément au temps imparti.*

2. *Ceci [le Non-Limité] est éternel et sans âge, et il englobe tous les mondes.*

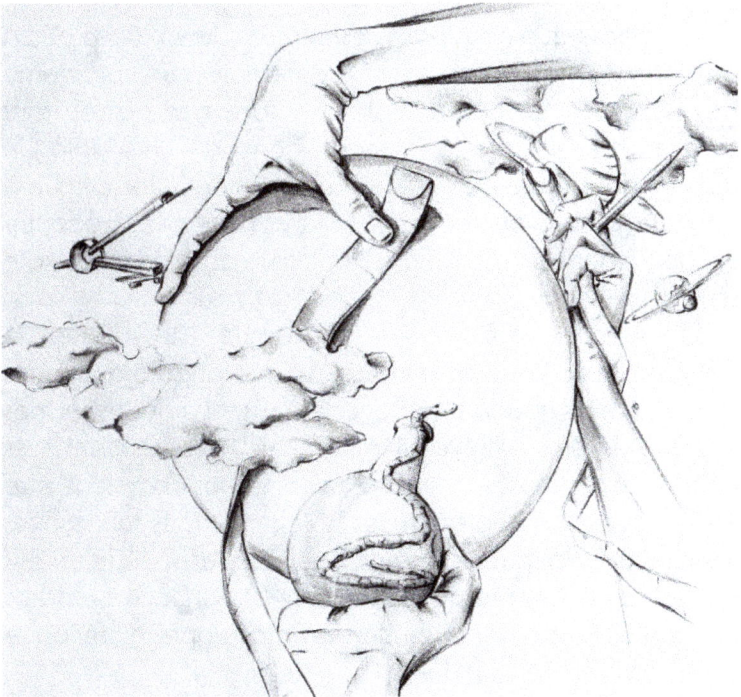

**2.** *Contemplation visuelle*

Pour enrichir votre contemplation, vous pourriez utiliser le dessin qui figure dans ce chapitre. Comme tous les autres dessins de ce livre, il a été conçu spécialement pour la contemplation visuelle. Tout en gardant à l'esprit les idées des Milésiens, examinez les différents éléments du dessin. Laissez vos yeux glisser sur chacun d'eux doucement et lentement, en vous arrêtant de temps en temps sur un détail spécifique, en l'inspectant et en le laissant susciter des intuitions dans votre esprit. N'essayez pas d'imposer à l'image votre propre interprétation, laissez-là s'exprimer en vous-même.

**3.** *Contemplation thématique*

De même que nous pouvons contempler un texte ou un dessin, nous pouvons aussi contempler un problème philosophique. Le défi consiste à le faire non pas en tant qu'exercice intellectuel, mais comme un dialogue personnel. Mettons de côté notre tendance automatique à analyser et à exprimer des opinions, pour plutôt écouter intérieurement le problème suivant, telle qu'il « fait entendre sa voix » en nous.

Les théories sont un outil formidable. Elles unifient le monde pour nous, elles nous disent à l'avance à quoi nous attendre, elles nous permettent de construire des machines et de contrôler notre environnement. Mais peuvent-elles s'appliquer à toutes choses ? Les théories semblent être efficaces pour comprendre les objets inanimés tels que les pierres et les nuages, mais peuvent-elles également s'appliquer à ma propre personne ? Une théorie peut-elle contribuer à la compréhension de ma propre expérience de l'amour, de l'espoir ou de l'anxiété ?

En effet, lorsque nous élaborons une théorie sur une situation personnelle et que nous l'analysons, nous avons parfois le sentiment désagréable que quelque chose a été laissé pour compte. D'une certaine manière, nous ressentons que la théorie ne rend pas justice à ce qui est unique, confus, subjectif, et foncièrement personnel. Est-il envisageable que la pensée théorique ne soit pas adaptée à la compréhension de notre propre vie, notamment de notre expérience personnelle ? Et si oui, pourquoi ?

*Graines de contemplation*

Pour contempler ce problème philosophique, il peut être utile d'utiliser une « graine de contemplation », un concept ou une métaphore qui servira de point de départ à une réflexion plus approfondie. Voici quelques suggestions de points de départ. Choisissez-en une (ou composez-en une vous-même) et laissez-la grandir et se déployer dans votre esprit.

**a)** La métaphore du **regard intérieur par opposition au regard extérieur** : Lorsque je théorise mes expériences, je les examine pour ainsi dire « de l'extérieur », en les observant comme s'il s'agissait de celles de quelqu'un d'autre. En revanche, lorsque je ressens mon expérience sans y avoir encore réfléchi, je la perçois « de l'intérieur », de mon propre point de vue. Cette différence de perspective pourrait expliquer pourquoi la théorisation semble passer à côté de quelque chose de ma propre vie intérieure.

**b)** Le concept **d'unicité** : Une théorie utilise toujours des généralisations, et une généralisation s'applique à des objets qui peuvent être répétés, en d'autres termes qui se reproduisent encore et encore. Mais peut-être que certaines expériences personnelles sont uniques et irrépétables, de sorte qu'elles échappent aux généralisations théoriques.

**c)** La métaphore de *l'avant-mot* : Lorsque nous théorisons, nous pensons avec des mots. Mais parfois, nous sommes confrontés directement à la réalité, avant même que notre esprit ne commence à penser avec des mots : Je m'identifie à vous au travers de l'amour, je comprends le paysage naturel au travers du sens de la beauté, je ressens le divin au travers d'un sens de l'émerveillement. Dans ces moments-là, les mots et les théories sont réduits au silence.

# Chapitre 2

# Héraclite

## TOUT EST EN PERPÉTUELLE FLUCTUATION

### Introduction

Héraclite a vécu aux alentours de l'an 500 av. J.-C. dans la ville grecque d'Éphèse en Asie Mineure, dans ce qui est aujourd'hui la Turquie. On ne sait que peu de choses sur sa vie, mais les historiens antiques ultérieurs ont écrit qu'il était issu d'une famille influente, qu'il était snob et qu'il écrivait dans une langue difficile afin que seuls quelques rares personnes puissent le comprendre (d'où le nom « Héraclite l'obscur »), et qu'il était un pessimiste (d'où le nom « le philosophe en pleurs »). Il est mort de maladie à l'âge de 60 ans.

Héraclite a écrit un livre dans lequel il s'est essayé à traiter de toute la connaissance. Seuls quelques fragments de ce livre subsistent aujourd'hui, et leurs principaux thèmes sont les suivants : qu'il existe une loi universelle qui régit tout – le Logos ; que la plupart des gens sont à moitié endormis et ne comprennent pas le Logos ; que tout dans le monde est en constant changement ; que le feu est le principe fondamental de la réalité ; que le Bien et le Mal sont relatifs à la perspective de chacun ; et que les processus naturels ont la forme d'un conflit entre des opposés qui se combinent en une harmonie.

## Le monde est-il fait de choses ou de changements ?

Imaginez que vous êtes à une fête donnée dans la maison de quelqu'un. Vous sortez prendre l'air et revenez dix minutes plus tard. À première vue, rien ne semble avoir changé : les « mêmes » personnes, la « même » pièce et les « mêmes » meubles, les « mêmes » vêtements et les « mêmes » bijoux. Votre esprit voit de la similarité en toute ces choses, de manière automatique et irréfléchie.

Mais en y regardant de plus près, vous constatez que de nombreux changements se sont produits. L'homme dans le coin, qui était auparavant grincheux, est maintenant souriant et a enlevé son pull. La grande jeune femme ne reste plus assise en silence, mais se tient debout et discute avec quelqu'un de manière animée. Le journal posé sur la table est à présent ouvert et légèrement déchiré. Le tapis rouge a été froissé dans un coin. La lumière est quelque peu différente, peut-être parce que le soleil est ressorti de derrière les nuages, et la pièce est plus lumineuse qu'elle ne l'était il y a dix minutes.

Nous sommes tellement habitués aux changements que nous ne les remarquons qu'à peine. Notre esprit présume que les choses sont « les mêmes » qu'auparavant. Mais, demande Héraclite, que se passerait-il s'il n'y avait pas de « choses » stables autour de vous, seulement des changements – un flux continu de changements tel une rivière en mouvement avec ses myriades d'ondulations et de tourbillons ?

Héraclite ajoute une seconde raison de semer le doute sur l'idée de choses stables : les choses ne sont pas directement ce qu'elles sont, puisque chaque chose contient son opposé. L'expression sérieuse du visage de la femme est également comique. Le grand homme semble minuscule à côté de l'immense sculpture. Le fil électrique qui va du mur à la lampe va également de la lampe au mur.

Enfin, une troisième considération : le conflit et l'harmonie ne sont pas aussi étrangers l'un à l'autre que vous pourriez le penser. Si vous écoutez le jeune couple chanter près du piano, vous remarquerez que, bien que le soprano de la femme soit très différent du ténor de l'homme, leurs deux voix se fondent en un chant harmonieux. De la même manière, la compétition acharnée entre les deux joueurs de ping-pong sous le porche en est belle jusqu'à la perfection. Et l'argument politique et bruyant qui se fait entendre au centre de la pièce s'inscrit dans le cadre d'une amitié.

Mais alors, qu'est-ce donc que la réalité ? Est-elle faite de choses stables et distinctes qui ne changent que d'apparence et d'emplacement, ou bien s'agit-il d'un monde de changements et d'oppositions harmonieuses ? Les éléments fondamentaux qui composent la réalité sont-ils des choses ou bien des transformations ?

**Tout est en fluctuation**

Héraclite répond : Une fois que vous aurez résisté à votre tendance automatique à voir de la similarité et que vous aurez prêté attention aux changements, vous prendrez conscience que tout est en fluctuation. Les choses fixes ne sont que de simples apparences. Le monde, pareil au feu, est en perpétuel changement. En effet, si vous pensez qu'un arbre est une chose stable, visionnez en avance rapide une vidéo de cet arbre et vous verrez un processus de croissance et de décomposition.

Néanmoins, note Héraclite, notre monde n'est pas en proie au chaos. Bien que tout se transforme continuellement, cela ne se fait pas de manière arbitraire. Votre table ne s'envole pas soudainement dans les airs ou ne se métamorphose pas en un éléphant.

Le flux des changements est régi par des motifs, des règles ou, comme le formule Héraclite, par le « Logos » qui maintient le flux dans certaines limites. Le Logos est le mode de fonctionnement de ces fluctuations, et en fait du drame cosmique.

*Quelques concepts clefs auxquels réfléchir :*

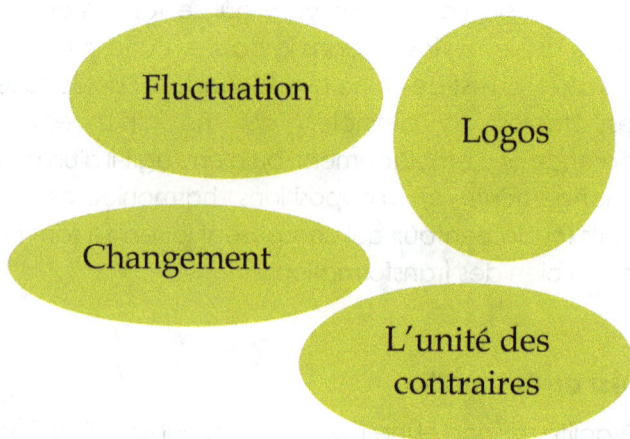

Fluctuation

Logos

Changement

L'unité des contraires

## Contemplation

Maintenant que nous comprenons les fondamentaux de la vision d'Héraclite, tournons-nous vers la contemplation – en d'autres termes, réfléchissons silencieusement à partir de notre profondeur intérieure. Au lieu d'analyser ses idées au niveau intellectuel, nous voulons nous ouvrir aux intuitions personnelles qui pourraient surgir en réponse dans notre esprit. En d'autres termes, nous voulons « résonner » avec son point de vue.

**1.** *Contemplation de texte*

Le livre d'Héraclite est aujourd'hui perdu, mais des citations ultérieures d'auteurs de l'Antiquité ont survécu. Pour contempler la sélection suivante, vous pourriez commencer tout d'abord par vous recentrer pendant quelques instants les yeux fermés, puis lire les mots lentement et doucement, en les laissant s'exprimer en vous. Vous pourriez également essayer un exercice de récitation : choisissez une phrase qui vous semble riche de sens et lisez-la lentement, encore et encore. Prêtez l'oreille au son de la phrase telle qu'elle résonne en vous et essayez de discerner les intuitions qui pourraient apparaître dans votre esprit. [2]

**2.** *Bien que la Loi de la Raison (Logos) soit commune à tous, la majorité des gens vivent comme s'ils en avaient une compréhension qui leur soit propre.*

**8.** *Les choses qui sont de nature dissemblable sont jointes toutes ensemble, et leurs différences aboutissent à la plus belle des harmonies, et toutes les choses se réalisent au travers d'une dissension.*

**30.** *Ce monde, qui est le même pour tous, n'a été créé par aucun dieu ni aucun homme, mais il a toujours été, il est, et il sera un feu toujours vivant, qui s'est embrasé dans une juste mesure et qui s'éteindra dans une mesure juste.*

**41.** *Il n'y a qu'une seule sagesse : comprendre l'intelligence par laquelle toutes choses sont gouvernées par toutes choses.*

**51.** *L'harmonie du monde est une harmonie faite d'oppositions, comme dans le cas de l'arc et de la lyre.*

**60.** *La voie ascendante et la voie descendante sont une seule et même voie.*

**91.** *Il est impossible de pénétrer deux fois dans le même fleuve, car d'autres eaux continuent de s'écouler.*

**126.** *Le froid devient chaud, et le chaud froid ; l'humide devient sec, et le sec humide.*

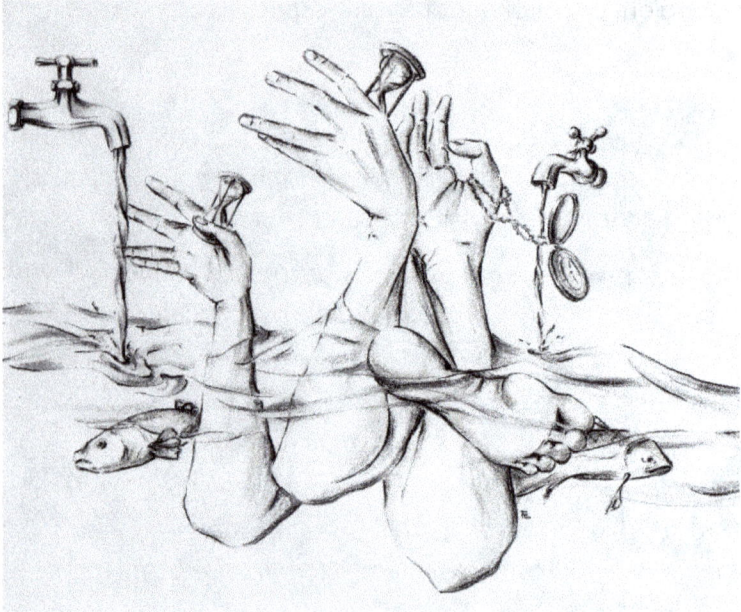

**2.** *Contemplation visuelle*

La contemplation visuelle nous permet d'approfondir les idées d'un philosophe de manière non verbale. Dans ce chapitre, comme dans tous les autres chapitres de ce livre, vous trouverez un dessin. Inspectez-le en silence tout en gardant ici à l'esprit les idées d'Héraclite. Laissez vos yeux le survoler librement et en douceur, en vous arrêtant de temps en temps pour examiner un détail. Si vous y consacrez suffisamment de temps et de silence intérieur, l'image pourrait déclencher dans votre esprit de nouvelles manières de le comprendre.

**3.** *Contemplation thématique*

Considérons le point de vue d'Héraclite selon lequel toute chose ne cesse de se modifier. Cela s'applique aussi vraisemblablement à ma vie quotidienne, à mes humeurs, à mon corps, à mes amis et collègues, à ma maison – ils changent tous d'un jour à l'autre et d'un moment à l'autre. La plupart des gens ne le remarquent pas, nous dit Héraclite, parce qu'ils ne remarquent rien d'autre que la surface trompeuse de la similarité et de la continuité. Seuls les sages reconnaissent la fluctuation constante, la transformation des opposés et le Logos qui les gouverne.

Cela soulève le problème suivant pour la contemplation : si je devais devenir l'un de ces sages qui soit pleinement conscients de l'écoulement cosmique, comment vivrais-je ma vie ? Comment devrais-je me transformer pour faire face aux changements continus autour de moi et en moi ? En effet, qu'est-ce que la sagesse dans un monde qui semble n'offrir aucune stabilité, ni aucun point d'appui, ni aucune données fixes auxquelles se raccrocher ?

*Graines de contemplation*

Pour contempler la signification de la sagesse dans un monde en constante mutation, nous pourrions commencer par une graine de contemplation – une métaphore ou un concept qui orientera notre contemplation. Voici plusieurs suggestions :

**a)** La métaphore de ***l'écoulement de l'eau*** : En tant qu'homme sage, je suis aidé par une conscience directrice – je ne suis pas une « chose », mais un petit courant dans le flot cosmique. À l'instar de ce courant, tout en moi ne cesse de se modifier, et j'accepte ma situation. Je n'essaie pas de m'accrocher à quelque chose de stable. Je ne résiste pas au changement. Je suis l'eau et je connais ses voies. Je connais donc le Logos du changement à partir de mon expérience intérieure.

**b)** La métaphore du ***capitaine de navire*** : un capitaine sagace connaît le Logos de la mer et la manière de l'utiliser à ses propres fins. Il sait comment avancer avec le vent ou contre lui, comment naviguer dans une tempête et comment jeter l'ancre. Il peut anticiper la marée ou la rafale à venir et s'y préparer à l'avance.

**c)** Le concept de ***l'émerveillement*** : dans un monde en perpétuel changement, je ne possède aucune connaissance arrêtée ; je ne peux que m'émerveiller. Je m'émerveille du « feu » sans répit de l'univers qui ne cesse de danser et de se transformer, et devant le Logos qui donne à ses flammes des formes et des couleurs toujours renouvelées. Chaque instant est nouveau et plein de vie, et j'en savoure la fraîcheur.

# Chapitre 3

# P ARMÉNIDE

## L'ÊTRE EST UN

### Introduction

Parménide d'Élée est un philosophe grec qui a vécu vers la fin du Vᵉ siècle av. J.-C. et le début du IVᵉ siècle. Son influence sur la philosophie occidentale a été considérable. Il a écrit un poème philosophique, dont de larges fragments ont survécu, décrivant son voyage imaginaire vers le temple sacré d'une déesse anonyme. Dans ce lieu, la déesse lui explique deux manières de penser : La voie de l'opinion commune, qui repose sur la perception sensorielle, et la voie de la vérité, qui repose sur la raison (le Logos). Alors que la voie de l'opinion commune présente le monde comme une pluralité de choses qui se meuvent, changent, sont créées et détruites, la voie de la vérité montre que cela est impossible. Le mouvement, le changement et la création signifient une négation de L'Être (c'était ici mais maintenant ce n'est plus, c'est ceci mais ce n'est plus cela, c'est maintenant mais ce n'était pas auparavant), ce qui n'est pas possible. Ce qui est - est : et ce qui n'est pas - n'est pas. Ainsi, L'Être est simplement, sans division ni changement.

## Qu'est-ce que L'Être ?

Il arrive que l'on éprouve un sentiment d'émerveillement : quelle est cette réalité que je trouve toujours en train de m'englober, qui m'inclut et qui inclut tout ce qui est ?

Il peut être tentant de répondre avec dédain : la réalité, c'est simplement tout ce qui est réuni, la somme de toutes les choses qui existent – les pierres, les fleurs, les rivières et les étoiles.

Mais non, répondrait le philosophe antique Parménide, ce n'est pas ce que je demande. Je ne m'interroge pas sur l'existence de choses individuelles, mais bien sur l'existence en général. L'arbre est, la pierre est, la montagne est – mais qu'est-ce que « l'êtreté » ? Qu'est-ce que cela signifie pour quelque chose d'être ? En bref, qu'est-ce que L'Être ?

C'est là, affirme Parménide, l'objet de notre émerveillement : la surprise de constater que quelque chose est, l'êtreté de toute chose.

## Ce qui est tout simplement est

L'Être, ou l'êtreté, explique Parménide, ne peut être une qualité ou une chose particulière. Il ne peut être vert par opposition à bleu, ou dur par opposition à mou, car il englobe tout ce qui est, que ce soit vert, bleu ou jaune, que ce soit mou ou dur. L'Être est – il ne peut rien contenir qui « ne soit pas » – il ne peut ainsi pas être une chose mais ne pas être une autre. Il doit se situer au-delà de toutes les qualités particulières et de toutes les choses individuelles, au-delà de toutes les distinctions et de toutes les différences. Il n'est soumis à aucune limite ou qualification. C'est l'êtreté à l'état pur.

De la même manière, L'Être ne peut pas changer ou se mouvoir, il ne peut pas être ici à un moment donné et

« ne pas être » là à l'instant suivant. L'Être est tout simplement. Et ce qui n'est pas ne peut en faire partie. Mais cela nous amène à une conclusion surprenante : La réalité n'est pas composée d'une multiplicité de choses, comme nous le supposons habituellement. Lorsque je regarde aux alentours, il me semble percevoir de nombreuses choses - des arbres, des tables, des oiseaux et des nuages - mais en fait, elles ne forment qu'un seul et même Être. De toute évidence, nos sens nous induisent en erreur. Nous ne devrions faire confiance qu'à notre raison.

La vision de Parménide peut sembler étrange, car elle nie que la réalité soit faite de multiples choses, telles qu'elles apparaissent à nos sens. Mais tentons plutôt de cerner intuitivement le sens de ses propos.

Normalement, je remarque des choses particulières. Je regarde cette chose-ci ou cette chose-là. Je touche ceci ou cela, je manipule cet objet ou cet autre. Je semble être moi-même un objet parmi des objets, et je rencontre d'autres humains comme un objet en rencontre un autre.

Pourtant, à certains moments particuliers, il arrive que quelque chose de différent se produise en moi. Mon attention se détache des objets spécifiques et je ne saisis plus cette chose ou cette autre. Je suis ouvert à l'univers entier, à la réalité dans son ensemble, à tout ce qui est. l'Être lui-même se manifeste alors de lui-même à moi.

Et maintenant, je le remarque : au-delà des couleurs spécifiques et des formes particulières, au-delà des nombreux détails autour de moi et en moi, je suis le témoin de la pureté de l'êtreté qui sous-tend tout, de L'Être englobant toute chose. Et puis surviennent l'admiration et l'émerveillement. Tout ce que je peux en dire, c'est : « Ce qui est, est. »

*Quelques concepts clefs auxquels réfléchir :*

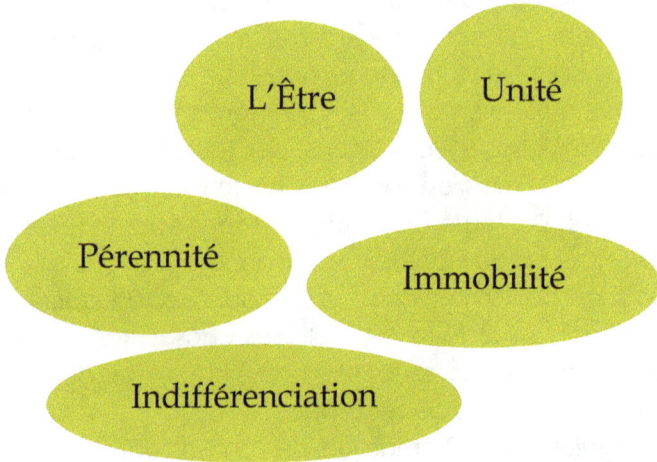

L'Être

Unité

Pérennité

Immobilité

Indifférenciation

## Contemplation

Maintenant que nous comprenons ce qui semble être la logique de la vision de Parménide, essayons de nous y rapporter plus profondément et personnellement. Notre objectif n'est pas seulement de la comprendre en tant que théorie abstraite, mais de la ressentir intérieurement et d'en discerner les implications personnelles. En bref, il s'agit de contempler cette vision.

*1. Contemplation de texte*

Lisez les propos de Parménide très lentement, savourez en les mots et les idées, et laissez-les susciter en vous de l'étonnement et de l'émerveillement. Laissez-les s'exprimer en vous. Que vous indiquent-ils sur vous-même et sur votre monde ? En particulier, pouvez-vous vous rappeler ou imaginer avoir fait l'expérience d'un sentiment d'existence pure, peut-être de « J'existe » ou de « Tout existe » ? Avez-vous déjà fait l'expérience de la réélité de la réalité, de l'êtreté qui unifie toute chose ? Et dans ce cas, qu'est-ce que cette expérience vous apprend sur ce que signifie exister ?

Voici des extraits pertinents du poème philosophique de Parménide : [3]

**3.** *C'est la même chose que de penser ou d'être. [Traduction alternative : Être et penser sont une seule et même chose].*

**7.** *Car on ne peut jamais prouver ceci : que les choses qui ne sont pas, sont. Tu dois donc restreindre ta pensée de cette manière d'enquêter, et ne pas laisser ton expérience habituelle te forcer à suivre cette voie, qui est celle de l'œil errant, de l'oreille saturée de bruits et de langage. Juge plutôt par la raison, la preuve si contestée que je vais exposer ici.*

**8.** *Il ne nous reste plus qu'une seule voie à évoquer, à savoir que ce qui est, est. En elle, il y a de très nombreux signes qui montrent que l'être est incréé et indestructible. Parce qu'il est complet, inébranlable et sans fin. Car il n'a jamais été et ne sera jamais, puisqu'il est maintenant, d'un seul coup, une totalité continuelle. Mais quelle origine va-t-on lui chercher ? De quelle manière et à partir de quelle source aurait-il pu croître ?*

## 2. Contemplation visuelle

Essayons maintenant de nous rapporter à la vision de Parménide à l'aide du dessin que vous trouverez dans ce chapitre. Les images ont le pouvoir de déclencher en nous des manières de comprendre qui sont moins conceptuelles et davantage intuitives et holistiques.

Laissez vos yeux flâner doucement sur le dessin et écoutez intérieurement les intuitions qui pourraient surgir dans votre esprit. Contrairement aux dessins précédents, celui-ci contient peu de détails. La raison en est claire : dans le monde de Parménide, il n'y a qu'un seul être uniforme, sans distinction ni changement. Essayons-nous à contempler cette unité.

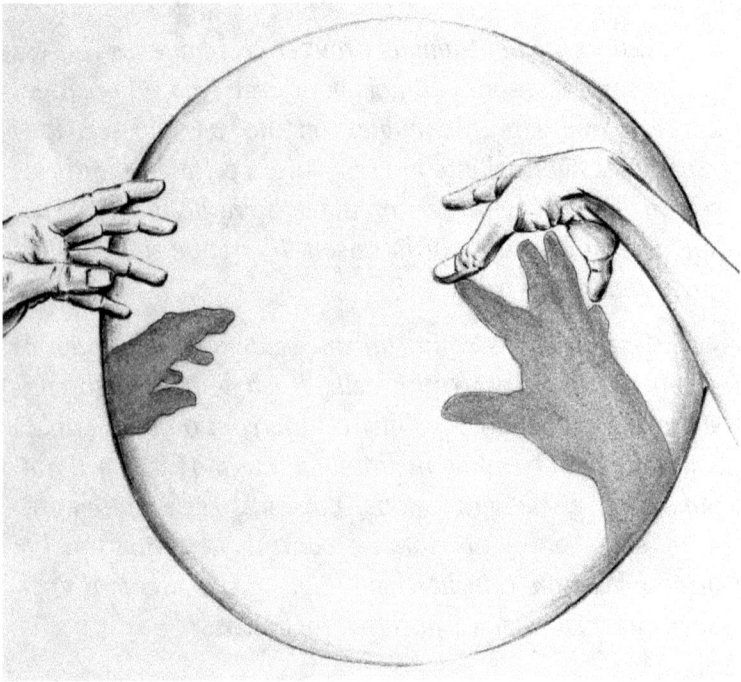

### 3. Contemplation thématique

La conscience de l'êtreté qui sous-tend toute chose est un état d'esprit spécial qui semble merveilleux, mais qui est de courte durée. S'il m'arrive de l'expérimenter, tôt ou tard, il est voué à se dissoudre, me laissant à nouveau dans mes préoccupations et mes états mentaux ordinaires. Le plus souvent, je me retrouverai à travailler, à bavarder, à me disputer ou à regarder la télévision, et à oublier tout de cette expérience.

Devrais-je être déçu d'avoir si rapidement perdu le sens de l'Être ? En effet, la conscience de l'Être est-elle quelque chose de précieux ? Devrais-je la rechercher ? Plus généralement, quelle importance, s'il y en a une, la prise de conscience de l'Être a-t-elle dans ma vie ?

*Graines de contemplation*

Pour contempler ces questions nous pouvons utiliser une métaphore ou un concept qui serviront de graine de contemplation. Voici quelques suggestions:

**a)** La métaphore **des fleurs issues de la terre** : Je peux admettre que les nombreuses choses que je perçois autour de moi sont, comme l'affirme Parménide, des apparences trompeuses. Pourtant, elles viennent de quelque part - de toute évidence de L'Être. Mes représentations de la réalité reçoivent leur existence de L'Être, tout comme des fleurs poussent d'après la terre. Et moi aussi, en tant que chose humaine, je reçois mon existence de L'Être. Par conséquent, même lorsque je suis préoccupé par des représentations de la multiplicité, je peux encore sentir à travers elles la puissance de L'Être qui est à leur racine.

**b)** Le concept de ***l'acceptation de mes limites*** : Si L'Être est la véritable réalité, alors j'aspire à m'y raccorder pour toujours. Mais c'est impossible pour moi, parce que je ne suis pas un sage éveillé ou un ange du paradis : je ne suis qu'un être humain ordinaire et limité. Alors, si une fois de temps à autre j'ai un aperçu de cette essence qui se cache sous la surface, que puis-je bien réclamer de plus ? Quelle chance ai-je d'être une créature perdue dans des affaires insignifiantes et de me voir accorder parfois, dans des moments privilégiés, une vision de L'Être ultime.

**c)** La métaphore **des deux vies** : Lorsque je suis absorbé par les affaires quotidiennes, une seule partie de moi est impliquée. Dans une autre dimension de moi-même, je suis avec une réalité plus grandiose, avec L'Être. Mais cela signifie que je vis deux vies différentes en parallèle : une vie vécue dans la pluralité et une vie centrée sur L'Être unitaire. Ainsi, même lorsque je me perds dans des futilités dans une vie, dans mon autre vie, je participe toujours à la réalité elle-même.

# Chapitre 4

# E MPÉDOCLE

## L'AMOUR ET LA HAINE

### Introduction

Empédocle est né au début du $V^e$ siècle av. J.-C. dans la ville grecque d'Agrigente, en Sicile. D'après des sources ultérieures, il semble qu'il soit né dans une famille aristocratique, qu'il ait été un orateur à succès, qu'il ait pratiqué la médecine et qu'il ait été impliqué dans la vie politique. Il mourut à l'âge de soixante ans, selon la légende, en se jetant dans la gueule du volcan Etna.

Empédocle a composé au moins deux poèmes philosophiques, « Sur la nature » et « Sur les purifications ». Dans le premier poème, dont certaines parties ont perduré, il explique la structure de la matière en termes de quatre « racines » et de deux forces. Les racines de la matière sont le feu, la terre, l'air et l'eau, dont chaque chose matérielle est composée dans des proportions différentes. Elles sont indestructibles et éternelles, et sont régies par deux forces qui les maintiennent en équilibre par le biais d'une augmentation et d'une diminution périodiques ou locales.

**Ces deux forces sont l'Amour et la Haine, le pouvoir d'attraction et d'unité contre le pouvoir de répulsion et de séparation. Puisqu'elles changent périodiquement d'intensité, le cosmos est soumis à des cycles où règnent tantôt l'Amour, tantôt la Haine, le premier donnant lieu à des périodes d'unité, tandis que le second à des périodes de destruction.**

## Quelles sont les forces qui régissent notre monde ?

Si vous vivez au Ve siècle av. J-C et que vous vous essayez à comprendre les forces élémentaires de la nature, vous n'avez pas l'avantage de la science moderne pour vous guider. Les idées modernes qui consistent à mener des expériences contrôlées en laboratoire, à en mesurer les résultats mathématiquement, ainsi qu'à construire des modèles théoriques pour les tester en laboratoire, sont loin d'être mises en œuvre pendant encore de nombreux siècles. Vous ne pouvez donc vous appuyer que sur vos observations quotidiennes et votre raisonnement.

Maintenant, si vous étiez un penseur du cinquième siècle avant Jésus-Christ essayant de déterminer les forces élémentaires qui régissent tout ce qui existe dans la nature, vous seriez probablement déconcerté par la merveilleuse variété des phénomènes observables : des objets durs et immobiles tels que des pierres, des eaux qui s'écoulent, du feu qui danse dans un poêle, des plantes qui poussent lentement et produisent des fruits et des fleurs, des animaux qui marchent, mettent bas et font du bruit, des êtres humains qui conversent, travaillent, se bagarrent et se divertissent. Chacun d'entre eux manifeste une gamme déroutante de comportements dans des circonstances différentes. À partir de cette perspective, comment caractériseriez-vous les forces élémentaires qui contrôlent toutes les activités dans le cosmos ?

## L'Amour et la Haine

À première vue, le monde visible qui nous entoure est si riche et si diversifié qu'il est difficile de voir un processus commun qui le caractérise. Qu'y a-t-il de commun entre un nuage qui flotte dans le ciel, une plante produisant une fleur, un tremblement de terre et un être humain qui écrit une lettre ? Il peut sembler que chaque chose ait ses propres principes d'action.

Pourtant, Empédocle voit des points communs dans cette variété déroutante. Il suggère que tous les phénomènes naturels peuvent être compris en termes de différents degrés d'harmonie ou d'unité par opposition au conflit ou à la séparation. D'un côté, nous voyons deux chiens qui se battent, un tremblement de terre qui dévaste une ville, ou une maladie qui détruit le corps – tous ces phénomènes contiennent un conflit, une perturbation de l'unité, une fragmentation et une séparation. D'autre part, nous constatons un merveilleux équilibre entre les plantes et les animaux d'une forêt, la complicité entre deux bons amis ou la coordination entre les membres d'une communauté pacifique.

Ainsi, suggère Empédocle, le monde et la vie peuvent être considérés comme régis par deux forces opposées, celle de l'Amour – la puissance de l'unité, et celle de la Haine – la puissance du conflit et de la séparation. Ces deux forces fondamentales s'opposent dans l'univers, de sorte que tantôt la première a le dessus, tantôt la seconde.

*Quelques concepts clefs auxquels réfléchir :*

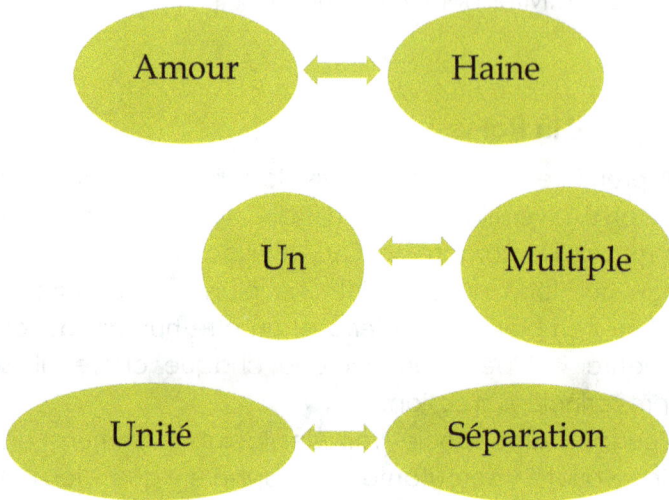

Amour ⟷ Haine

Un ⟷ Multiple

Unité ⟷ Séparation

## Contemplation

La vision d'Empédocle sur les forces de l'Amour et de la Haine se voulait une théorie générale du monde, mais nous sommes en droit de nous demander comment elle s'applique, plus spécifiquement, à notre vie personnelle. Dans quelle mesure pouvons-nous comprendre notre vie comme étant caractérisée par ces deux forces ? Et plus précisément encore, dans quelle mesure l'idée de cette opposition éclaire-t-elle notre expérience personnelle ?

Lorsque nous regardons la vie à travers le prisme de nouveaux concepts, nous découvrons souvent de nouvelles perspectives et parvenons à de nouvelles compréhensions. Ainsi laissons-nous contempler la vie - notre vie personnelle et la Vie en général - à travers le prisme des forces opposées d'Empédocle que sont l'Amour et la Haine.

**1.** Contemplation de texte

Commençons par contempler quelques fragments pertinents qui nous sont parvenus des écrits d'Empédocle. Lisez le texte ci-dessous lentement et en silence, et demandez-vous ce qu'il vous révèle de la Vie. Ces deux passages sont extraits de l'ouvrage d'Empédocle intitulé « *De la nature* » : [4]

> **17.** *Je dirai une vérité double : à un moment, l'Un s'unit à la Multiplicité, à un autre moment, l'Un se différencie pour devenir la Multiplicité. Double est la naissance des choses, double est leur mort : À un moment donné, de l'union de la multiplicité résulte la naissance puis la mort ; à un autre moment, tout ce qui s'est auparavant développé se différencie et meurt. Et cette longue permutation ne cessera jamais. Parfois, les éléments s'unissent par l'Amour et deviennent Un, tandis qu'à d'autres moments, ils se dissocient à nouveau par la Haine et le Conflit. Et dans la mesure où l'Un est capable de croître à partir du Multiple, et où le Multiple croît à partir de la dispersion de l'Un, ils ne cessent de renaître dans le temps et sont instables. Et dans la mesure où cette longue permutation ne cessera jamais, ils restent inchangés alors qu'ils traversent au long cours les cycles dans lequel s'inscrit le monde.*

**21.** *Observe le soleil, chaleureux et brillant de toutes parts. Observe les étoiles éternelles, toujours imprégnées de chaleur liquide et d'un éclat incandescent. Vois aussi la pluie, obscure, froide et sombre, et comment de la terre émerge ce qui est verdoyant et ferme. Et dans les périodes de Haine, elles [les choses] sont divisées en de nombreuses formes différentes, tandis que dans l'Amour, elles se rassemblent et aspirent les unes aux autres.*

*Parce que c'est à partir de ces [quatre] éléments [fondamentaux] que se développe tout ce qui a été, est ou sera jamais - les arbres, les hommes et les femmes, les bêtes et les oiseaux, les poissons nourris dans les eaux profondes, et même les dieux de grande longévité qui sont excellents par leur honneur. Parce que ces [éléments] sont tout ce qui existe, et qu'en se traversant les uns les autres, ils reçoivent de nouveaux visages, ils se transforment en se mêlant de façon variée.*

**2.** *Contemplation visuelle*

En gardant à l'esprit l'idée d'Empédocle selon laquelle l'Amour et la Haine sont deux principes universels, examinez soigneusement le dessin de ce chapitre et laissez-le s'exprimer en vous. Que vous révèle-t-il sur la nature de ces deux forces ?

**3.** *Contemplation thématique*

Considérez la dynamique, suggérée par Empédocle, de l'Amour et de l'unité par opposition à la Haine et à la fragmentation. Ces deux forces s'intensifient et s'affaiblissent au fil du temps, de sorte qu'à certaines périodes, l'Amour domine, tandis qu'à d'autres, c'est la Haine qui l'emporte. Dans une certaine mesure, nous faisons tous l'expérience de ces forces qui opèrent en nous : D'une part, nous connaissons la colère, la haine, la jalousie, le conflit intérieur, le doute de soi, ainsi que la compétition, l'individualisme, le besoin d'être laissé seul, qui contribuent tous à fragmenter la totalité en parties : moi contre les autres, un sentiment contre un autre. D'un autre côté, nous sommes également familiers des expériences d'empathie, d'amitié, d'attirance, de compréhension mutuelle, d'un certain sens de l'harmonie et de la plénitude.

Comment puis-je manier ces forces opposées et orienter ma vie vers mes objectifs personnels ? Suis-je capable de les influencer et de les apprivoiser pour les adapter à mes objectifs ? Plus généralement, comment devrais-je vivre ma vie au beau milieu de leur activité ?

*Graines de contemplation*

Voici quelques graines qui pourraient nous aider à contempler ce thème :

**a)** La métaphore du **jardinier** : Je ne peux pas contrôler complètement les forces qui agissent en moi et autour de moi. Je ne peux pas effacer toutes mes colères, ni créer de l'amour au fond de mon cœur. Je ne peux qu'essayer de les cultiver ou de les supprimer, et mon succès ne sera jamais que partiel. Mais dans la mesure du possible, je m'efforcerai de rendre mon « jardin » intègre et beau. J'utiliserai les forces de la Haine pour me séparer de ce qui menace la perfection de mon «jardin», et j'utiliserai les forces de l'Amour pour me relier à ce qui y contribue.

**b)** Le concept du *roi* : Avec suffisamment de volonté. Je peux apprendre à contrôler un grand nombre de mes pulsions et de mes émotions. Et dans la mesure où j'y parviendrai, j'agirai comme le roi de mon royaume privé et veillerai à son bon fonctionnement. Un royaume ne peut se fonder seulement sur l'amour – il a besoin d'une police et de forces de défense d'une part, et de coopération d'autre part. De la même manière, le bien-être de mon «royaume» personnel nécessite à la fois de l'Amour et de la Haine, et c'est ma tâche en tant que souverain de m'assurer que chacun d'entre eux agissent de manière optimale dans les circonstances appropriées.

**c)** Le concept ***d'harmonie mondiale*** : En tant qu'individu parmi des millions d'autres, j'exerce une influence négligeable sur l'état du monde. Même l'influence que j'exerce sur ma propre psychologie est limitée. Mais dans la mesure du possible, je m'efforcerai de cultiver l'amour en moi et de contribuer ainsi, à ma petite échelle, à l'harmonie du monde dans lequel nous vivons tous.

# Chapitre 5

# ANAXAGORE

## L'INTELLECT COSMIQUE

### Introduction

Anaxagore est né vers 500 av. J.-C. dans la ville grecque de Clazomènes, dans l'actuelle Turquie, qui était alors sous le contrôle de l'empire perse. Jeune homme, il est venu à Athènes, où il a vécu pendant plus de vingt ans jusqu'à ce qu'il soit contraint de partir, probablement en raison de son association avec le dirigeant athénien Périclès.

Pour Anaxagore, tout dans le monde est fait de minuscules éléments indestructibles, ou « semences », qui sont de différentes sortes et se mélangent les uns aux autres à travers tout l'univers. En outre, il postule également l'existence d'un pouvoir - L'Intellect, ou Noûs en grec, qui met le monde en mouvement. Ce dernier influence la concentration des semences en différents endroits et les sépare ainsi en objets de différentes sortes, tels que les pierres et les arbres, chacun ayant sa propre composition et ses propres caractéristiques.

## Pourquoi le monde est-il organisé ?

Anaxagore, comme Parménide avant lui, accepte que quelque chose qui existe ne peut pas dégénérer en néant et ne peut pas non plus naître de rien. Par conséquent, la substance fondamentale dont est faite le monde est constitué est fixe et immuable. Les modifications que nous semblons observer autour de nous – les arbres qui croissent et vieillissent, les maisons qui sont érigées ou démolies, les nuages en mouvement, etc. – ne sont que des réarrangements d'éléments fixes. Ces éléments, qu'il appelle « semences », sont infiniment petites, éternelles et immuables. Les objets matériels que nous rencontrons dans le monde sont des amas de semences de toutes sortes, de sorte que chaque type de semence est présente dans chaque objet, mais dans des proportions différentes. Pour donner un exemple (qui n'est pas d'Anaxagore), une pierre est dure parce qu'elle est composée majoritairement de semences dures et de peu de semences molles, tandis que la laine est principalement composée de semences molles. Et lorsqu'elle se consume en cendres, ses semences ne disparaissent pas mais se mélangent à d'autres semences dans l'environnement.

On pourrait ainsi s'attendre à ce que les semences qui composent le monde se mélangent complètement les unes aux autres, de telle sorte qu'il ressemblerait à un mélange indifférencié. Pourtant, ce que nous voyons autour de nous est un monde hautement organisé, composé d'objets distincts : des pierres, des plantes, des animaux, des personnes, des maisons, etc. En outre, chaque type d'objet manifeste un type de comportement spécifique : les arbres poussent dans le sol et ne s'envolent pas dans les airs, et ils développent des feuilles mais non des mains. Un arbre reste un arbre et suit le cycle de vie typique d'un arbre. Les montagnes ne se dissolvent pas pour devenir de l'or, et les personnes ne se voient pas pousser des ailes. En dépit de surprises occasionnelles, les événements terrestres et les événements de la Vie ne sont pas dans un état de chaos, mais suivent des motifs plus ou moins familiers. Comment pouvons-nous expliquer l'organisation du monde ? Quelles sortes de forces sont responsables de la préservation de l'ordre dans le monde ?

## L'Intellect Cosmique

À première vue, deux réponses alternatives semblent attrayantes : une première possibilité est que le monde soit guidé par une divinité qui impose son ordre aux semences qui le composent, en les agrégeant en objets définis et en s'assurant que chacune d'entre elles adoptent le comportement qui lui appartient. Alternativement, on pourrait soutenir que le monde n'est pas guidé par qui que ce soit, et que l'organisation apparente de celui-ci résulte de forces aveugles qui agissent sur les semences. Des forces mécaniques et aveugles créeraient de l'ordre par elles-mêmes.

Anaxagore rejette ces deux alternatives et adopte une voie médiane. D'une part, raisonne-t-il, des forces mécaniques arbitraires ne suffisent pas à garantir que le monde soit organisé. Sans pouvoir organisateur, les semences qui le composent seraient mélangées les unes aux autres pour former un mélange uniforme, plutôt que des objets distincts.

D'autre part, la puissance organisatrice ne se présente pas sous la forme d'un dieu doté d'une personnalité et d'une volonté personnelle. Il n'y a aucune raison de présumer qu'il s'agit d'un « quelqu'un » qui pense et agisse intentionnellement, et qui imposerait au monde un dessein préconçu. D'ailleurs, Platon et Aristote ont été déçus par la théorie d'Anaxagore parce qu'elle déniait l'existence d'un ordre moral dans l'univers.

Anaxagore appelle cette force « Noûs », ce qui signifie en grec « Intellect ». Cet Intellect cosmique fait en sorte que les semences du monde s'agrègent en objets distincts dotés de qualités spécifiques et suivant des modèles de comportement spécifiques. Elle organise ainsi le monde en un tout intelligible.

*Quelques concepts clefs auxquels réfléchir :*

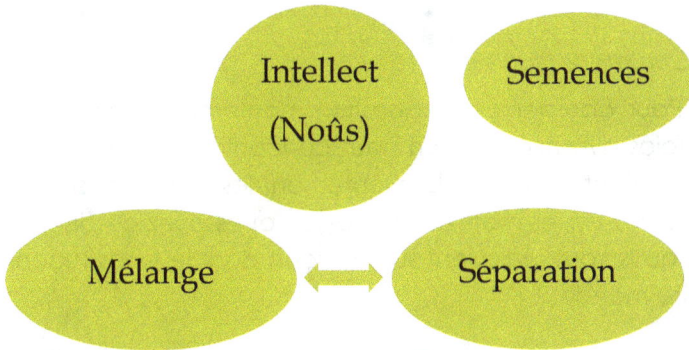

Intellect (Noûs)

Semences

Mélange

Séparation

## Contemplation

Il ne reste aujourd'hui que des fragments du livre d'Anaxagore, mais il semble qu'il s'intéressait principalement à l'explication du monde naturel, et moins à la vie humaine et à la psychologie. Néanmoins, dans le but de rapprocher notre contemplation de la Vie, nous pouvons étendre sa théorie pour y inclure les vies humaines. Cette théorie élargie stipulerait que nos vies personnelles suivent elles aussi un ordre intelligible créé par l'action de l'Intellect. C'est pourquoi nous pouvons discerner dans la vie d'une personne des étapes, des processus et des développements spécifiques, et pourquoi nous pouvons dire des choses intelligentes à leur sujet. La vie est régie par un ordre intelligible, une idée qui réapparaîtra à maintes reprises tout au long de l'histoire de la philosophie et de la science, sous de nombreuses et différentes variations.

Quel est l'ordre intelligible qui caractérise à la fois la vie et le monde ? Et sur le plan personnel, quel est l'ordre intelligible qui caractérise votre vie personnelle ?

La réponse d'Anaxagore, exprimée sous la forme du Noûs, est énigmatique. Que signifie le fait qu'un Intellect cosmique maintienne l'ordre et l'organisation de notre monde et de notre vie ?

## 1. Contemplation de texte

Pour aborder cette question, contemplons les propres paroles d'Anaxagore, en nous concentrant sur les sections qui traitent du Noûs. Lisez lentement les passages suivants, savourez en les mots et les images, et essayez de discerner ce qu'ils vous indiquent sur la façon dont le Noûs façonne votre monde. [5]

**12.** *Les autres choses contiennent une partie de chaque chose, tandis que le Noûs est illimité et se gouverne lui-même, en ne se mêlant à rien, mais en étant seul et par lui-même. Car s'il n'existait pas par lui-même, mais était mélangé à quelque chose d'autre, il aurait en lui une part de toutes ces choses s'il était mélangé à quoi que ce soit d'autre. Car en toute chose est renfermée une partie de chaque chose, comme je l'ai déjà dit. Et les choses qui lui seraient mélangées l'empêcheraient d'avoir sur quoi que ce soit la puissance qu'il a maintenant lorsqu'il existe seul et par lui-même.*

> *Parce qu'il est la plus subtile et la plus pure de toutes les choses, il possède la connaissance totale de toute choses ainsi que le pouvoir le plus grand. Le Noûs a le pouvoir sur toutes les choses qui ont en commun la vie, qu'elles soient grandes ou petites.*
>
> *... Et toutes les choses qui sont entremêlées, aussi bien que celles qui sont séparées et distinguées les unes des autres sont toutes connues du Noûs. Et le Noûs a mis en ordre toutes les choses qui devraient être, celles qui ont été et qui ne sont maintenant plus, ainsi que celles qui existent à présent.*

**2.** *Contemplation visuelle*

Tout en gardant à l'esprit la vision d'Anaxagore, examinez calmement le dessin de ce chapitre. Relevez toute intuition ou image qui surgit dans votre esprit et essayez de formuler ce qu'elle vous révèle de la nature du Noûs cosmique.

**3.** *Contemplation thématique*

Si un Intellect cosmique existe, comment ce dernier se rapporte-t-il à moi et à mon esprit individuel ? Et comment devrais-je me rapporter à lui ? Plus généralement, comment l'existence de l'intellect cosmique affecte-t-il ma vie et mon esprit individuel ?

*Graines de contemplation*

Les graines suivantes sont suggérées pour enrichir notre contemplation de ces questions :

a) La métaphore **d'un esprit à l'intérieur d'un esprit** : Je ne suis pas un esprit isolé, car mon esprit est contenu dans un esprit plus grand que lui, l'intellect cosmique. Tout comme mon esprit humain contient des pensées et des expériences, de la même manière, l'intellect cosmique doit contenir toutes les idées et les expériences du cosmos, y compris les miennes. En ce sens, mon esprit est un petit morceau de l'Intellect cosmique. Et bien que je sache que ce morceau est très petit, je reste néanmoins inspiré par la connaissance du fait que je fais partie d'un Intellect plus vaste que le mien.

b) Le concept de **visibilité** : Si le cosmos possède un Intellect qui englobe tout ce qui existe dans le monde, y compris moi, alors il me connaît complètement. Il connaît chacune de mes pensées et de mes expériences, mes espoirs, mes craintes et mes intentions. Par conséquent, je suis totalement visible pour cet intellect cosmique et il n'y a rien que je puisse lui cacher. Face à cette intelligence omnisciente, je n'ai aucune intimité, aucun secret, aucune possibilité de me cacher. Je me sens tout à fait nu devant la compréhension de cette Intelligence.

c) Le concept de **ma vie intelligible** : si l'Intellect cosmique contrôle tout ce qui se produit dans ma vie, alors je devrais être soulagé de savoir que ma vie est intelligible, même si je ne peux pas moi-même comprendre comment. Ce qui apparaît être arbitraire ou dépourvu de sens dans ma vie ne l'est pas en vérité. Et bien que je puisse ne pas comprendre le sens de ma vie, je peux avoir confiance dans le fait que ma vie en elle-même n'est pas vaine.

# Chapitre 6

# DÉMOCRITE

## TOUT EST ATOMES

### Introduction

Démocrite (vers 460-370 av. J.-C.) était un philosophe grec qui vivait dans la ville d'Abdère, dans la Grèce actuelle. Il est surtout connu aujourd'hui pour sa théorie sur les atomes, qui n'est pas sans rappeler la théorie atomique moderne (bien que ses détails soient très différents).

Selon certaines sources, Démocrite aurait reçu la théorie des atomes de son maître Leucippe, dont on sait très peu de choses. Il est donc impossible de déterminer aujourd'hui quelles parties de la théorie atomique de Démocrite sont les siennes et quelles parties proviennent de son maître. Quoi qu'il en soit, la théorie de Démocrite postule que le monde est constitué « d'atomes » qui sont des particules indivisibles, solides, immuables et indestructibles, et qui se meuvent dans le vide.

Il est possible que cette théorie soit une réaction à Parménide, qui avait soutenu que L'Être ne peut se transformer en non-être, ni être créé à partir du non-être (du néant). La théorie atomique de Démocrite admet que les unités fondamentales de la réalité, ou atomes, sont immuables et ne peuvent jamais être réduites au néant.

Cependant, contrairement à la théorie de Parménide, elle explique également comment le mouvement et le changement sont possibles en termes de différents arrangements d'atomes.

## La totalité n'est-elle rien d'autre qu'un ensemble de parties ?

Lorsque nous regardons tout autour de nous, nous voyons des objets matériels tels que des arbres et des rochers, des chaises et des maisons. Même si chacun de ces objets peut nous apparaître comme un seul et même ensemble, nous savons qu'il est composé de plus petites parties. Une maison, par exemple, est composée de murs, de fenêtres, de portes et d'un toit. Et chacune de ces parties peut être divisée en parties plus petites, qui sont elles-mêmes divisibles en parties encore plus petites. Jusqu'à quel point les parties les plus petites sont-elles petites ?

Démocrite est arrivé à la conclusion que tout ce qui existe dans la nature est constitué de minuscules particules élémentaires. Il les a conçues comme des « atomes » solides et indivisibles ("atomes" signifiant indivisibles en grec) qui se déplacent dans le vide. Nous ne connaissons pas les considérations précises qui l'ont conduit à une telle perspective, car la plupart de ses écrits ont été perdus. Mais il est intéressant de noter que d'autres philosophes du V$^e$ siècle av. J.-C., tels qu'Empédocle et Anaxagore, ont également proposé que les objets matériels soient constitués de composants élémentaires de petite taille, même s'ils sont de diverses natures. Les théories scientifiques modernes considèrent elles aussi que les objets matériels sont composés de particules microscopiques – molécules, atomes, quarks – quoique sur la base de preuves scientifiques qui n'étaient pas disponibles pour Démocrite. L'idée que les objets matériels sont constitués de particules peut ne pas sembler surprenante, puisque nous savons par expérience que les objets courants peuvent être réduits en morceaux. Mais jusqu'à présent, nous avons parlé d'objets inanimés. La même chose peut-elle s'appliquer aux animaux, aux êtres humains et même à moi-même ?

Plus précisément, est-il possible que mes propres pensées, mon mal de tête, mon amour ou ma peur soient également composés de minuscules particules invisibles qui se meuvent dans le vide ? En effet, est-il possible que je ne sois pas un moi unitaire comme je l'éprouve et je me le représente, mais un ensemble de multiples éléments ?

## Je suis moi aussi composé d'atomes

Démocrite soutient que tout ce qui existe dans la nature est composé d'atomes, ce qui inclut les êtres humains, ainsi que leurs pensées, leurs sentiments et leurs expériences. Bien qu'il ne reste aujourd'hui que très peu de fragments de ses écrits, plusieurs penseurs ultérieurs de l'Antiquité expliquèrent sa théorie de manière plus détaillée.

Selon eux, Démocrite considérait que les qualités perceptives telles que la couleur ou le goût étaient de simples « conventions » – en d'autres termes, des opinions humaines artificielles qui ne reflétaient pas la réalité. Lorsque nous regardons un objet, nos perceptions sont aveugles aux atomes qui le composent, et c'est pourquoi nous le percevons comme une entité unitaire dotée de certaines qualités telles que la couleur ou la texture.

En outre, non seulement les choses que nous percevons, mais aussi l'acte perceptif lui-même peuvent être expliqués en termes d'atomes. Dans la perception visuelle, par exemple, les images composées d'une fine couche d'atomes flottent de la surface des objets jusqu'aux yeux. De même, le goût est le résultat de l'impact d'atomes de différentes sortes sur notre langue et ce, de différentes manières. D'autres états et expériences psychiques, comme la pensée, peuvent également être expliqués en termes d'atomes et de leur mouvement. Enfin, même les âmes des êtres vivants sont constituées d'atomes.

Les détails des théories de Démocrite ne doivent pas nous préoccuper ici. Du point de vue de la science moderne, elles sont incorrectes. L'idée générale, cependant, est importante : non seulement les objets matériels extérieurs à nous, mais aussi nous-mêmes et nos états d'esprit sont composés de particules invisibles en mouvement.

*Quelques concepts clefs auxquels réfléchir :*

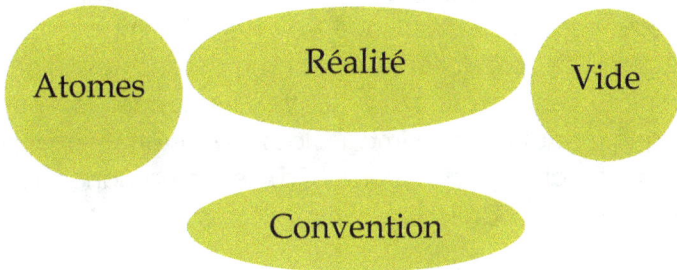

Atomes

Réalité

Vide

Convention

## Contemplation

La conception de Démocrite semble contredire la manière dont nous faisons l'expérience de nous-mêmes. Je me perçois normalement comme une unité, une unique et même personne, et non comme un amas d'éléments distincts en perpétuel mouvement. En outre, chacune de mes expériences est ressentie comme univoque. Ma douleur est une sensation unifiée, et non une collection de particules en mouvement ; il en va de même pour ma démangeaison, ma peur, mon espoir, la sensation de bruit que je ressens - chacun de ces éléments semble être un tout unifié.

Démocrite (peut-être comme certains scientifiques modernes) nous dit qu'il s'agit d'une illusion et que je ne suis en fait pas unitaire comme je semble l'être, mais plutôt composé d'atomes comme toute autre chose dans l'univers. Mais est-il vraiment possible que je me méprenne aussi radicalement sur moi-même ? Moi qui m'éprouve de l'intérieur, du point de vue le plus intime qui soit, pourrais-je vivre dans l'illusion quant à la nature de ce que je suis ?

**1.** *Contemplation de textes*

Pour contempler les deux textes suivants, lisez-les attentivement, beaucoup plus lentement qu'à l'accoutumée. Il se peut que votre esprit s'impatiente et « veuille » se précipiter sur les mots sans les digérer complètement. Résistez à cette tendance, savourez chaque mot et chaque image, laissez-vous émerveiller par eux et remarquez comment ils donnent naissance à un éventail de significations. [6]

*Par convention, la douceur est douce, l'amertume est amère, la chaleur est chaude, la froideur est froide, la couleur est colorée. Mais en réalité, il n'y a que des atomes et du vide.*

Le passage suivant est tiré du livre *De Anima* (De l'âme) d'Aristote (qui a vécu environ trois générations après Démocrite). Il explique ici que Démocrite pensait que les âmes étaient composées de petits atomes sphériques, et que leur taille et leur forme expliquent pourquoi, comme les atomes de feu, elles sont en mouvement constant : [7]

*Certains disent que ce qui est à l'origine du mouvement est à la fois principalement et essentiellement l'âme... C'est ce qui a conduit Démocrite à dire que l'âme est une sorte de feu ou de substance faite de chaleur. Ses « formes » ou atomes sont en nombre infini. Ceux qui sont sphériques, il les appelle feu et âme, et les compare aux particules de l'air que nous voyons dans les faisceaux de lumière qui traversent les fenêtres. Le mélange de semences de toutes sortes, il les appelle les éléments qui constituent l'ensemble de la Nature (Leucippe en donne une description similaire). Les atomes sphériques, il les identifie à l'âme, parce que les atomes de cette forme sont les plus aptes à s'infiltrer partout, et à mettre en mouvement tous les autres atomes en étant eux-mêmes en mouvement.*

## 2. Contemplation visuelle

Après avoir digéré l'idée essentielle de Démocrite, tournons-nous maintenant vers le dessin que vous trouverez dans ce chapitre. Laissez vos yeux flotter lentement sur le dessin et arrêtez-vous doucement sur tout détail qui attirerait votre attention. Ecoutez intérieurement ce que cela pourrait vous suggérer.

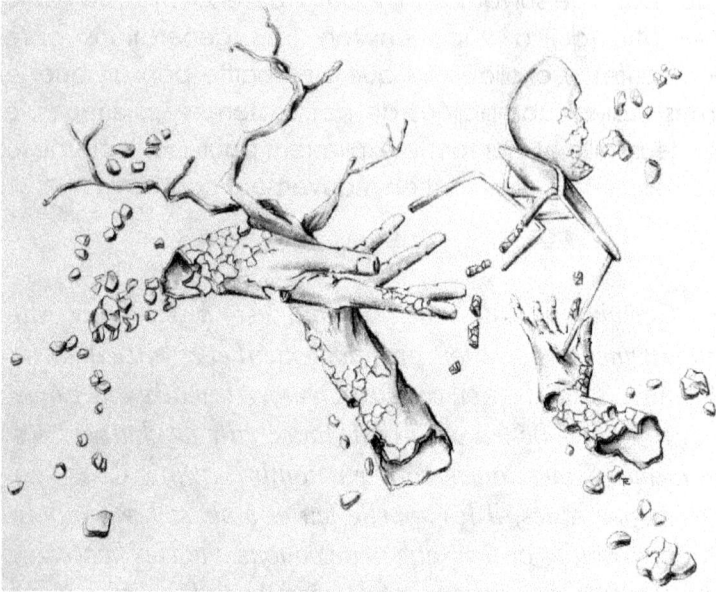

### 3. Contemplation thématique

Que la théorie de l'atomisme soit correcte ou non, elle contredit clairement la façon dont nous nous expérimentons en tant que moi unique et unifié. Qu'est-ce que le fait que je m'éprouve comme une unité me révèle de moi-même ?

### Graines de contemplation

Les « graines de contemplation » suivantes peuvent servir de points de départ à votre contemplation. Choisissez l'une d'entre elles (ou composez-en une) et laissez-là se développer et se déployer dans votre esprit.

**a)** L'image du ***chercheur de sens*** : Mon esprit s'efforce de se comprendre lui-même, et il essaie donc de trouver - ou d'inventer – des moyens de relier les éléments de ma vie en une histoire qui ait un sens. Mon esprit est un chercheur de sens. C'est pourquoi je ne vis pas ma vie comme un ensemble d'événements et d'éléments distincts, mais comme un seul récit de vie unifié qui arrive à une seule et même personne. En d'autres termes, mon esprit dépeint mes pensées, mes douleurs, mes actions et mes conversations comme des aspects d'un moi unifié et unique.

**b)** L'image du **chef d'entreprise** : Je suis constitué d'un grand nombre de particules, mais il serait irréaliste, voire impossible, d'être conscient de chacune d'entre elles. Dans le but de contrôler mon comportement, je dois seulement être conscient des principaux contours de mon corps, de mon esprit et de mon environnement, tout en ignorant leurs nombreux détails. De ce fait, je ne suis pas conscient des minuscules particules qui me composent et qui composent mon monde, mais seulement de leur configuration globale. Je suis comme un chef d'entreprise qui est conscient de l'activité à grande échelle de l'entreprise, mais pas de chacun de ses employés.

**c)** Le concept de **chercheur spirituel** : Mon sentiment d'être moi-même une seule unité est le fruit de mon aspiration spirituelle à trouver l'harmonie et la complétude dans la vie – tant en moi-même que dans le monde qui m'entoure. Comme un chercheur spirituel, je recherche la complétude, le Tout. C'est pourquoi, lorsque je suis dans la nature, je fais souvent l'expérience de l'harmonie et de la beauté. Et c'est pourquoi je m'éprouve moi-même comme un être complet.

# Chapitre 7

# LES SOPHISTES

## LA VÉRITÉ EST RELATIVE

### Introduction

Au V$^e$ siècle av. J.-C., un nouveau type d'intellectuel apparut dans la Grèce antique – les sophistes. Il s'agissait de penseurs qui louaient leurs services en tant qu'éducateurs professionnels, enseignant l'art oratoire, l'art de l'argumentation et d'autres sujets connexes. Ils ne constituaient pas une école de pensée organisée, mais plutôt un groupe de penseurs individuels qui répondaient aux nouvelles conditions sociales qui produisaient une demande croissante en matière d'activité publique et de compétences politiques. De ce fait, ils étaient moins préoccupés par la vérité que par l'art de convaincre, et moins intéressés par l'élaboration de théories que par la capacité à raisonner en faveur d'une opinion donnée, aussi absurde qu'elle puisse paraître.

Le mot « Sophiste » vient du mot grec « Sophia » – sagesse, mais en raison de leur réputation, il a acquis un caractère négatif, impliquant quelqu'un qui déforme les idées pour emporter un argument.

Les sophistes n'avaient pas de théorie philosophique unifiée, mais il n'est pas surprenant que beaucoup d'entre eux ont pensé que la vérité est relative.

L'un des sophistes les plus éminents était Protagoras (environ 490-420 av. J.-C.), dont nous examinerons les vues dans ce chapitre. Diogène Laërce, qui a vécu environ six siècles après lui, a écrit : « Protagoras a été le premier à exiger un paiement de son élève, fixant son tarif à cent mines. ... Il fondait ses arguments sur des mots, et il est le père des discussions superficielles et futiles que nous connaissons aujourd'hui. » [8]

## La vérité est-elle objective ?

Dans la vie quotidienne, nous sommes souvent en désaccord sur divers problèmes: Quel candidat serait le plus à même d'occuper le poste de président ? Les meurtriers doivent-ils être condamnés à la peine de mort ? Dans quelle mesure le racisme est-il répandu dans notre société ? Le monde des affaires est-il discriminatoire à l'égard des femmes ? Dans certains cas, il est possible de déterminer qui a raison et qui a tort – par exemple en examinant attentivement les faits ou en consultant une source fiable. Mais dans de nombreux autres cas, il ne semble pas y avoir de preuve concluante dans un sens ou dans l'autre.

Il est particulièrement difficile de régler les divergences d'opinion sur les questions d'éthique, d'esthétique, de religion et autres sujets similaires impliquant des valeurs. Dans ces domaines, il n'existe généralement pas de procédure neutre, acceptée par toutes les parties prenantes au débat, pour déterminer qui a raison. Un argument peut sembler convaincant pour un côté alors qu'il ne l'est pas pour un autre, et tant que les deux parties ne sont pas d'accord sur la manière d'évaluer les arguments, le désaccord ne peut pas être résolu.

Chacun d'entre nous s'est probablement retrouvé dans de tels débats qui semblent insolubles. Mais qu'est-ce que cela nous montre ? Cela signifie-t-il simplement que l'une des parties dans le débat est trop têtue pour admettre qu'elle est dans l'erreur ? Ou qu'en matière de valeurs, il n'y a pas de vrai ou de faux ? Devons-nous renoncer à l'idée d'une vérité objective et accepter que ce qui est vrai pour moi puisse ne pas être vrai pour vous ?

## La vérité est une affaire d'opinion

Les écrits de Protagoras ont été perdus, mais sur la base des quelques commentaires et citations de penseurs ultérieurs qui ont survécu à ce jour, il semble qu'il ait effectivement affirmé qu'en matière de valeurs, en particulier dans les domaines de l'éthique et de la politique, qu'il n'y a pas de vérité ou de fausseté objective. Protagoras a déclaré que les arguments qui soutiennent une croyance donnée sont tout aussi valables que ceux qui y sont opposés.

Il semble donc s'ensuivre que la vérité ne peut être déterminée par aucune méthode acceptable et qu'elle est donc une question d'opinion, c'est-à-dire une affaire relative à l'individu.

Cela ne signifie pas pour autant que toutes les croyances aient la même valeur. Bien que nous devions renoncer à la tentative de découvrir lesquelles soient objectivement vraies, nous pouvons toujours chercher à déterminer lesquelles sont les plus utiles. Par exemple, bien qu'il soit impossible de déterminer si la générosité est ou non une vertu dans un sens absolu, nous pouvons toujours nous interroger sur le fait de savoir si la générosité est un moyen utile pour créer du bonheur et de la prospérité.

*Quelques concepts clefs auxquels réfléchir :*

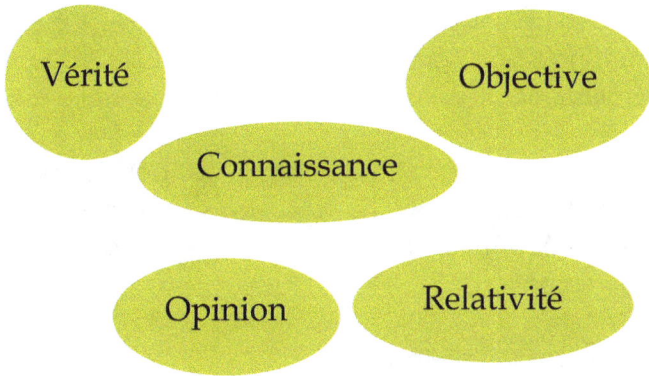

Vérité

Objective

Connaissance

Opinion

Relativité

## Contemplation

Dans le monde d'aujourd'hui, la position de Protagoras peut ne pas sembler surprenante. Comme lui, de nombreuses personnes affirment aujourd'hui qu'en matière de valeurs, aucun argument rationnel ne peut déterminer de manière concluante qui a raison et qui a tort. Il est intéressant de souligner que cela n'empêche pas la plupart d'entre nous de se disputer au sujet des valeurs, et de le faire avec beaucoup de passion, voire d'amertume. Nous nous sentons souvent pratiquement obligés de défendre nos croyances lorsqu'elles sont critiquées, nous sommes irrités lorsque nos valeurs sont moquées, nous avons le désir irrésistible de montrer à nos adversaires leurs erreurs, et nous devenons impatients et passionnés lors du débat.

Il peut sembler étrange de nous trouver si argumentatifs si nous ne croyons pas en une vérité objective et universelle. Il semble que quelque chose en nous se rebelle contre nos déclarations relativistes et rejette l'idée que la vérité soit relative. Nos valeurs ne semblent pas être de simples idées vaines qui reposeraient passivement dans notre esprit, mais quelque chose de plus proche d'une force qui nous animerait et nous pousserait à agir avec engagement et passion. Et cela soulève la question suivante : Comment devrions-nous comprendre ce fait curieux ? Ou plus généralement, qu'est-ce que cela signifie de croire en une valeur ?

Pour contempler cette question, vous pourriez prendre un exemple personnel d'une valeur qui vous tient à cœur et qui vous a récemment mis sur la défensive ou vous a poussé à l'argumentation.

## 1. Contemplation de texte

Dans la contemplation, notre esprit doit être neuf et attentif, et donc aussi libre que possible de pensées automatiques et d'opinions préalables. Si nous nous retrouvons à répéter nos opinions habituelles, il est probable que nous ne soyons pas pleinement dans un état d'esprit contemplatif.

Une façon d'aider l'esprit à conserver son ouverture est de ralentir son rythme normal afin de le dégager de ses modes de pensée habituels. Ainsi, pour contempler le bref texte suivant, vous pourriez le copier soigneusement et attentivement dans votre journal personnel, en écrivant chaque mot très lentement et aussi élégamment que vous le pourrez. L'écriture lente et soignée a le pouvoir de sortir l'esprit de ses automatismes et de l'ouvrir à des intuitions inattendues. Vous pourriez aussi essayer d'écrire la même phrase plusieurs fois, encore et encore.

Pour notre contemplation, nous utiliserons le texte de Diogène Laërce, un biographe des philosophes grecs qui a vécu quelque six siècles après Protagoras et qui a probablement eu accès à certains de ses écrits et à certaines de ses paroles rapportées. Il cite Protagoras en ces termes : [9]

*Dans chaque question, il y a deux arguments exactement opposés l'un à l'autre.*

*L'homme est la mesure de toutes choses : des choses qui existent – qu'elles sont ; et des choses qui n'existent pas – qu'elles ne sont pas.*

*En ce qui concerne les dieux, je ne peux pas savoir avec certitude s'ils existent ou s'ils n'existent pas. Car il y a bien des obstacles qui nous empêchent de le savoir, en particulier l'obscurité du sujet et la brièveté de la vie humaine.*

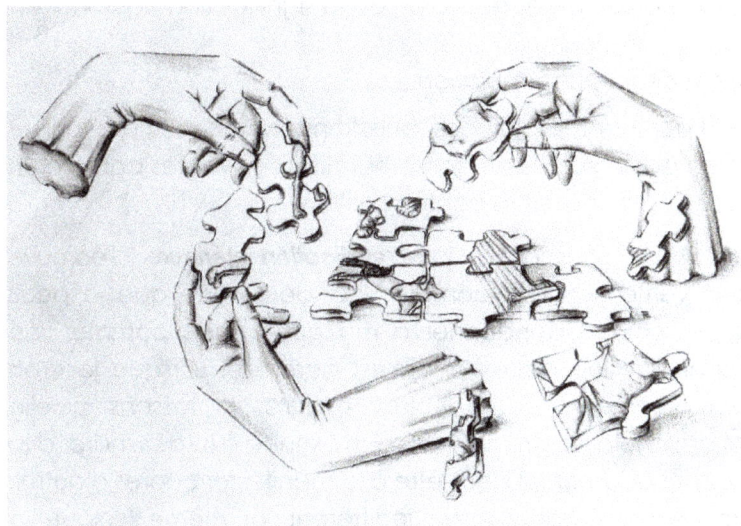

**2.** *Contemplation visuelle*

Asseyez-vous tranquillement et observez le dessin présenté dans ce chapitre en laissant vos yeux glisser lentement et doucement sur ses différents éléments. Si un aspect du dessin vous intrigue, demandez-vous ce qu'il peut vous révéler sur le thème de la vérité et de la relativité.

**3.** *Contemplation thématique*

Des déclarations telles que « Tout est relatif ! » sont courantes de nos jours, mais comme nous l'avons déjà souligné, il n'est pas facile de rejeter la vérité objective, car la plupart d'entre nous y accordent beaucoup d'importance. Nous investissons généralement des efforts, du temps et de l'argent pour défendre nos convictions, et nous risquons même parfois notre vie pour elles. De toute évidence, nous ne percevons pas nos vérités comme une simple affaire de goût personnel arbitraire. Comment les percevons-nous alors ? Comment puis-je faire l'expérience de « ma vérité » et quelle en est la signification pour moi ?

*Graines de contemplation*

Pour contempler ces questions, nous pourrions utiliser l'une des « graines de contemplation » suivantes comme un point de départ à la contemplation.

**a)** La métaphore de la **revendication intérieure** : J'éprouve ma vérité non pas comme une idée inerte que je peux adopter ou abandonner à ma guise, mais comme une revendication active qui m'est adressée. Lorsque je crois véritablement à une valeur morale, je ressens qu'elle m'appelle à lui être fidèle. Elle m'exhorte à la défendre, à la garder à l'esprit, et peut-être à la manifester auprès d'autrui. Je ne peux pas y rester indifférent, et même lorsque je décide de me dérober, cela me réclame un effort intérieur particulier, de l'hésitation, ou des sentiments de culpabilité.

**b)** La métaphore du **gardien** : Lorsque je reconnais une valeur comme ma vérité, je l'accepte comme quelque chose de précieux qui m'a été confié. En la reconnaissant, j'accepte de la protéger et de la nourrir, tout comme un animal ou une fleur précieuse qui aurait été confiée à mes soins. Désormais, je serai son gardien et je serai personnellement responsable de la protéger.

**c)** Le concept de **fidélité** : Une valeur personnelle n'est pas une simple opinion, mais un idéal auquel je demeure fidèle. Si je crois à une quelconque valeur de manière abstraite, sans engagement ni passion, alors cette croyance n'est pas encore une vérité personnelle. Une vérité personnelle est une vision qui m'anime et m'inspire, et donc quelque chose qui me motive à lui être fidèle.

## PARTIE B

# LES PHILOSOPHES ATHÉNIENS

La Grèce antique n'était pas un pays unique, mais était divisée en un certain nombre de cités-États, chacune ayant son propre dirigeant. Au Vᵉ siècle av. J.-C., la cité-État d'Athènes s'est élevée à la tête du monde grec, en termes de richesse, de pouvoir et de culture. Trois philosophes majeurs sont apparus aux Vᵉ et IVᵉ siècles dans l'Athènes antique : Socrate, son élève Platon et l'élève de Platon, Aristote (né en Macédoine, dans le nord de la Grèce, mais venu à Athènes pour étudier avec Platon). Leurs philosophies, bien que très différentes les unes des autres, ont exercé une profonde influence sur la pensée occidentale pendant de nombreux siècles, en particulier au Moyen Âge et à la Renaissance. Il est difficile d'imaginer l'histoire de la philosophie occidentale sans eux.

# Chapitre 8

# $S$OCRATE

## PRENDRE SOIN DE SON ÂME

### Introduction

Socrate (470-399 av. J.-C.) était un philosophe majeur de la Grèce antique dont l'influence sur l'histoire de la philosophie occidentale a été profonde. Il nous est principalement connu par les écrits de ses élèves Platon et Xénophon, ainsi que par les pièces de théâtre d'Aristophane. Il vivait à Athènes et avait l'habitude d'entraîner les gens qu'il rencontrait dans des discussions philosophiques. Il interrogeait leurs croyances sur un concept – sur le courage, la vertu, etc. – en leur demandant une définition de ce concept. Par un dialogue fait de questions et de réponses, il leur montrait qu'ils ne savaient pas ce qu'ils croyaient savoir.

Finalement, Socrate fut accusé par les autorités athéniennes de corrompre la jeunesse et d'impiété, et après un bref procès, il fut reconnu coupable, puis condamné à mort et conduit en prison. Il rejeta les propositions d'évasion de ses amis et fut exécuté en buvant du poison. Ses fidèles disciples, dont le jeune homme qui deviendra plus tard le grand philosophe Platon, ont continué à chérir sa sagesse et son intégrité.

Socrate n'ayant rien écrit, nous nous concentrerons dans ce chapitre sur ce que son élève Platon a écrit dans son texte *L'Apologie de Socrate*, qui relate le procès et l'exécution de son maître. Platon y cite le discours d'autodéfense de Socrate devant le tribunal athénien qui l'a condamné à mort.

## Comment dois-je prendre soin de mon âme ?

Contrairement à la plupart des gens, Socrate ne se souciait pas de parvenir à la richesse, à la célébrité, au pouvoir politique, ni même au confort et à la sécurité. Comme il l'a expliqué dans son discours de défense rapporté dans l'Apologie de Platon, il est plus important de prendre soin de son âme que de toute autre chose. Curieusement, note-t-il, la plupart des gens se soucient de leur argent, de leur corps ou de leur réputation, tout en négligeant leur âme. Que signifie alors prendre soin de son âme ? Et pourquoi est-ce si important ?

## Se connaître soi-même

Pour Socrate, vous prenez soin de votre âme lorsque vous vous assurez que votre vie vaut la peine d'être vécue. Il s'agit d'une vie éthique, une vie de vertu, de justice et de raison.

Mais pour y parvenir, vous devez vous examiner et parvenir à vous connaître. C'est parce que vivre correctement ne se produit pas spontanément. Au contraire, notre inclination automatique est de rechercher des plaisirs superficiels, de suivre aveuglément la foule, d'agir de manière irréfléchie en fonction des normes sociales. Vivre une vie digne d'être vécue exige de la connaissance et la connaissance de soi-même.

Par conséquent, pour prendre soin de votre âme, vous devez vous examiner, en particulier vos croyances et les présupposés sur lesquels elles reposent. Vous ne pouvez pas considérer comme acquis que les idées et les valeurs que vous avez intériorisées sont correctes. Vous ne pouvez pas simplement supposer que vos inclinations automatiques, vos intuitions ou votre bon sens sont fiables. Vous ne pouvez pas être sûr que ce qui vous paraît juste l'est vraiment. Vous devez utiliser la raison pour remettre en question vos idées sur la vie et les examiner de manière critique : Qu'est-ce que la vertu ? Qu'est-ce que cela signifie d'être honnête ou courageux ? Qu'est-ce que la justice ? Et ainsi de suite. Prendre soin de son âme exige un travail d'auto-examen, et c'est pourquoi Socrate dit dans l'Apologie : « Une vie sans examen ne vaut pas la peine d'être vécue ». Un tel auto-examen est la raison d'être de la philosophie. S'examiner soi-même, c'est philosopher.

*Quelques concepts clefs auxquels réfléchir :*

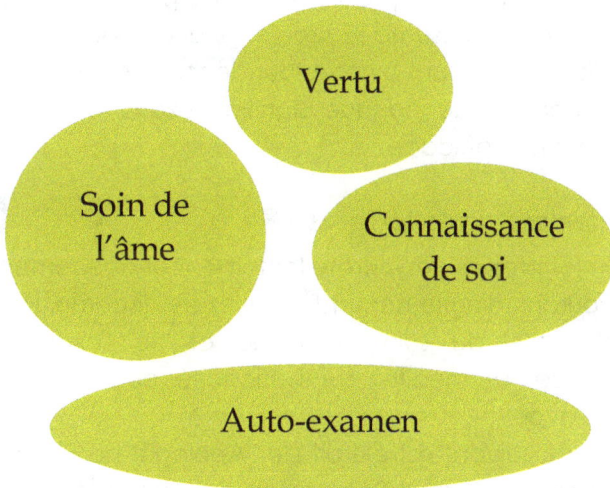

Vertu

Soin de l'âme

Connaissance de soi

Auto-examen

## Contemplation

Puisque pour Socrate, prendre soin de son âme nécessite un examen de conscience, on peut se demander ce que signifie exactement de s'examiner soi-même. Il existe différents types d'examen de conscience : l'examen de la vie émotionnelle, l'examen des opinions et de leur caractère raisonnable, l'examen des racines infantiles de votre comportement, etc. Quel genre d'examen de conscience est le plus à même de promouvoir une vie digne d'être vécue ? Et s'ils sont tous importants, le sont-ils également ou certains le sont-ils plus que d'autres ?

Socrate privilégie un examen rationnel des croyances de chacun. Dans ses conversations, il met généralement son interlocuteur au défi de définir un concept, puis soumet la définition proposée à un examen rationnel. Mais ici, nous pouvons nous interroger : L'examen rationnel d'idées abstraites est-il un moyen efficace de se connaître soi-même et de prendre soin de son âme ? Un type plus personnel d'examen de conscience ne serait-il pas préférable ?

Pour réfléchir à ces questions, nous pouvons consulter les expériences de notre propre vie. Nous pouvons remercier Socrate d'avoir présenté le problème avec une telle force, mais c'est maintenant à notre tour de formuler notre propre compréhension de ce que signifie s'examiner soi-même d'une manière efficace.

### 1. Contemplation de texte

Lisez les propos de Socrate lentement et doucement, en les savourant minutieusement. Essayez de discerner la vision qu'a Socrate du soin de l'âme et de l'examen de conscience, et méditez sur l'efficacité que cette vision pourrait avoir.

Le texte suivant est extrait de l'Apologie de Platon, qui rapporte le discours de Socrate lors de son procès : [10]

*Aussi longtemps que j'aurai la vie et des forces, je ne cesserai jamais de pratiquer et d'enseigner la philosophie, et j'exhorterai quiconque que je rencontrerai selon ma manière habituelle, et je lui expliquerai, en disant :*

*"Ô mon ami, pourquoi toi, qui es un citoyen de la plus grande, de la plus puissante et de la plus sage cité d'Athènes, te préoccupes-tu tant d'accumuler le plus d'argent, le plus d'honneur et de réputation, et si peu de la sagesse, de la vérité et de la plus grande amélioration de ton âme, à laquelle tu ne songes jamais ? N'as-tu pas honte de cela ?"*

*Et si la personne avec laquelle je suis en train de me disputer me répond : "Oui, mais je m'en préoccupe", alors je ne la quitte pas et je ne la laisse pas repartir tout de suite. Je l'interroge, je l'examine et je la contre-interroge, et si je pense qu'elle n'a aucune vertu, mais qu'elle se contente de dire qu'elle en a, je lui reproche de sous-estimer ce qui est le plus important et de surestimer ce qui l'est moins. Et cela, je le dirai à tous ceux que je rencontrerai, jeunes et vieux, citoyens et étrangers, mais surtout aux citoyens, puisqu'ils sont mes frères.*

...

*Si je dis que le plus grand des biens de l'homme est de converser quotidiennement de la vertu, et à propos de toute ces choses dont vous m'entendez m'examiner moi-même et les autres, et si j'ajoute qu'une vie sans examen ne vaut pas la peine d'être vécue, vous aurez encore moins de chances de me croire. Et pourtant, ce que je dis est vrai, même s'il m'est difficile de vous en persuader.*

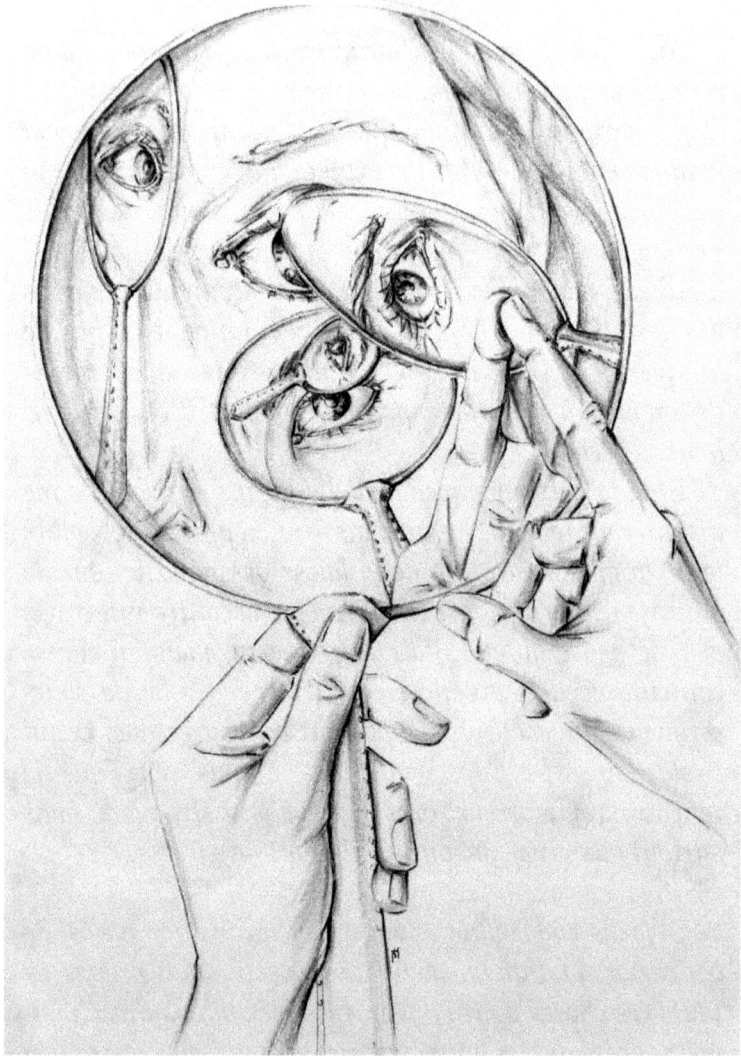

## 2. Contemplation visuelle

Rappelez à votre esprit l'idée de Socrate de prendre soin de son âme, puis examinez attentivement le dessin que vous trouverez dans ce chapitre. Saisissez-en la disposition générale et la signification, et remarquez si un détail particulier vous frappe par son caractère intriguant ou significatif.

**3.** *Contemplation thématique*

Comme nous l'avons déjà remarqué, l'approche de Socrate en matière d'examen de conscience fait appel au raisonnement abstrait, et l'on pourrait se demander s'il s'agit là de la meilleure façon de se perfectionner. L'analyse de la définition universelle de la vertu, par exemple, ne semble pas m'apprendre grand-chose sur mon chemin personnel vers la vertu.

Plus généralement, si notre objectif est d'élever nos vies, alors les méthodes d'examen de nous-mêmes ne sont pas toutes aussi pertinentes les unes que les autres. Par suite, notre question à contempler est la suivante : quel type d'examen de conscience peut le mieux nous aider à transformer notre manière de vivre ?

*Graine de contemplation*

Pour contempler ce thème, nous pourrions utiliser l'une des graines de contemplation suivantes :

**a)** Le concept ***d'inspiration à la transformation de soi.*** Un examen de conscience peut m'aider à me transformer lorsqu'il me donne non pas seulement des informations impersonnelles sur moi-même, mais aussi l'inspiration nécessaire pour changer. Cela peut se produire lorsque mon examen de conscience produit dans mon esprit une compréhension qui m'émeut, m'ébranle et me remplit d'émerveillement ou d'aspiration, me motivant ainsi à me transformer moi-même.

**b)** La métaphore de *l'enquêteur en moi* : Dans un examen de conscience rationnel, comme celui proposé par Socrate, j'utilise la partie intellectuelle de mon esprit. Mais il existe d'autres aspects de mon esprit qui peuvent également servir d'enquêteurs, et peut-être même de manière plus efficace. Par exemple, lorsque mon examen de conscience est réalisé par les dimensions expérientielles ou spirituelles de mon esprit, la connaissance de soi qui en résulte est susceptible d'être plus approfondie et plus percutante.

**c)** Le concept de *la connaissance amoureuse* : Lors d'un examen de conscience intellectuel, je m'examine moi-même au travers de mes pensées et de mes idées. Mais alternativement, je peux aussi m'examiner moi-même au travers de de l'amour. L'amour, lui aussi, possède une sensibilité qui peut servir de moyen de connaissance. Lorsque je me rapporte à la vie avec amour, j'apprends à me connaître moi-même au travers de l'expérience de l'amour, tout comme mes doigts apprennent la forme d'un objet au travers de l'expérience du toucher.

# Chapitre 9

# P LATON

## L'ECHELLE DE L'AMOUR

## Introduction

Platon (vers 428-347 av. J.-C.) est sans aucun doute l'un des plus grands philosophes de l'histoire de la pensée occidentale. Il a grandi dans la cité antique d'Athènes et, jeune homme, il est devenu l'élève de Socrate. Après la mort de Socrate, il a fondé une école, connue sous le nom de « l'Académie », qui a continué de fonctionner pendant des centaines d'années. Parmi les élèves de Platon se trouvait le grand philosophe Aristote. De nombreux livres de Platon ont survécu jusqu'à aujourd'hui, contrairement aux écrits d'autres philosophes antiques qui ont été perdus. Il les a souvent écrits sous la forme d'un dialogue, mettant ses idées dans la bouche de Socrate. Les écrits de Platon ont grandement influencé les penseurs ultérieurs, en particulier au Moyen Âge et à la Renaissance.

Au cœur de la philosophie de Platon se trouve l'idée que le monde matériel que nous percevons par nos sens n'est que l'ombre d'une réalité supérieure. Elle ne peut être saisie que par une forme supérieure de compréhension intuitive.

Notre âme aspire à transcender le monde matériel et à atteindre cette réalité supérieure. Les choses matérielles – les arbres, les animaux, les pierres, les maisons, les corps, etc. – ont un faible niveau de réalité parce qu'ils ne sont que des copies imparfaites de formes idéales, ou « Idées ».

Par exemple, la forme triangulaire d'un toit est loin d'être parfaite – ses côtés sont tordus et plus épais que ceux de lignes régulières. Ce n'est un triangle que parce qu'il ressemble à la forme idéale d'un triangle. La conclusion à en tirer est que les choses matérielles sont moins réelles que leurs formes idéales, autrement dit que leurs Idées. Notre monde matériel dans son ensemble n'est qu'une copie imparfaite du monde parfait des Idées.

Il existe de nombreuses Idées parfaites - l'idée d'un triangle, l'idée d'un cheval, et ainsi de suite, mais la plus élevée d'entre toutes est la perfection elle-même. Il s'agit de l'idée du Bien, du Vrai, du Beau, ou de ce que Platon appelle L'Un. Notre aspiration à cette perfection est « l'Éros » platonicien qui nous motive à atteindre le plus haut échelon. Elle nous encourage également à philosopher, puisque la philosophie est conçue pour nous conduire à des niveaux de compréhension toujours plus élevés, vers l'Un que nous aimons. En ce sens, la philosophie est l'art d'aimer.

## Qu'est-ce que l'amour ?

La vision de Platon sur l'amour se retrouve la mieux exposée dans son texte *Le Banquet*, qui décrit une fête dans laquelle chaque participant doit faire un discours à la gloire d'Eros (l'amour). Socrate est l'un d'entre eux, et il prononce lui aussi un discours. Les idées qu'il exprime sont apparemment celles de Platon, et le personnage de Socrate n'est utilisé que comme un artifice littéraire.

Dans son discours, « Socrate » explique que l'essence de l'amour est l'aspiration à la beauté parfaite et éternelle. Au contraire, l'amour pour des objets spécifiques – pour un homme ou une femme, pour l'or, pour le vin, etc. est un niveau inférieur d'amour, dirigé vers des formes inférieures et imparfaites de beauté. Ces formes d'amour inférieures ne parviennent pas à satisfaire pleinement l'aspiration de notre âme à la perfection.

Mais ici, on pourrait s'interroger : si Platon a raison et que nous aspirons à la perfection absolue, comment les formes ordinaires d'amour sont-elles seulement possibles ? Dans la vie de tous les jours, nous aimons des personnes ordinaires, des animaux domestiques, des fleurs, des aliments qui, en tant qu'objets matériels, ont des défauts et des limites. Les choses que nous aimons normalement ne sont pas parfaites, certainement pas de manière absolue et éternelle. Comment donc pouvons-nous possiblement les aimer ?

Plus généralement, quelle est la relation entre notre amour ordinaire des objets ordinaires et notre amour de la beauté la plus parfaite ?

## Les reflets de la perfection

Pour Platon, la beauté parfaite est la source de la beauté matérielle que nous percevons dans le monde matériel. En conséquence, bien que les objets matériels ne soient pas d'une beauté parfaite, nous pouvons vaguement pressentir la beauté parfaite à travers eux. Que la beauté partielle d'un objet reflète la beauté parfaite, c'est un peu comme si un jean bleu usé reflétait la pureté du bleu, ou que le dessin d'un triangle dans le sable reflétait – malgré son inexactitude – l'Idée d'un triangle géométrique parfait. De la même manière, la beauté d'un visage ou d'une fleur ressemble à la Beauté elle-même.

Cela signifie qu'il existe différents niveaux de réalité : Il existe une triangularité d'un niveau inférieur ou imparfait et une triangularité d'un niveau supérieur ou parfait, de même qu'une quadrature imparfaite inférieure et une quadrature parfaite supérieure, un caractère chevalin inférieur et un caractère chevalin supérieur ; et pareillement, une beauté inférieure et une beauté supérieure.

Ainsi, la réalité est organisée selon différents niveaux de perfection ou de réélité. Les objets matériels que nous percevons tout autour de nous ont un faible niveau de réalité, mais ils reflètent (ou ressemblent) à une réalité supérieure, non matérielle. En outre, lorsque nous aimons un objet « inférieur » – un visage, une chemise ou une peinture spécifique – ce qui nous attire, c'est la Beauté parfaite qui se reflète en lui. Lorsque vous pensez aimer une paire de chaussures dans la vitrine d'un magasin, votre âme aime en fait la perfection elle-même ; elle aspire au niveau le plus élevé de Beauté et de Réalité, que Platon appelle « L'Un ».

S'il en est ainsi, nous ne discutons plus de l'amour comme une émotion spécifique, mais de la nature de la réalité elle-même. Nous ne faisons plus seulement de la psychologie humaine, mais de la métaphysique !

*Quelques concepts clefs auxquels réfléchir :*

Beauté absolue

Beauté spirituelle

Niveaux d'amour

Beauté corporelle

## Contemplation

En quoi la grande vision métaphysique de Platon est-elle pertinente pour notre vie quotidienne ? Cela signifie-t-il que certaines choses dans notre vie sont supérieures et dignes d'être aimées, tandis que d'autres sont inférieures, de sorte que notre amour pour elles est inférieur et a moins de valeur ? Et si c'est le cas, cela signifie-t-il que nous devrions essayer d'abandonner notre amour pour les choses « inférieures » telles que la nourriture et les plaisirs corporels, et essayer au contraire de développer des formes d'amour supérieures ?

Pour trouver des réponses à ces questions, laissons-nous aller à la contemplation des idées de Platon. Le résultat ne sera pas nécessairement fidèle à ses intentions originales, mais la précision historique n'est pas notre objectif dans ce livre. Nous cherchons à dialoguer avec de grands penseurs et à utiliser leur vision comme point de départ de nos propres intuitions.

*1. Contemplation de texte*

Dans Le Banquet, Platon décrit le chemin de l'amour depuis son niveau le plus bas – l'amour pour un corps physique particulier – jusqu'à son niveau le plus élevé, qui est l'amour pour la Beauté elle-même. Platon place ces paroles dans la bouche de Socrate (comme un moyen littéraire d'exprimer ses propres idées), qui aurait raconté ce qu'une femme empreinte de sagesse originaire de Mantinée lui aurait enseigné.

Les extraits suivants décrivent le niveau suprême de l'amour pour la Beauté éternelle elle-même. Pour les contempler, lisez-les silencieusement et attentivement de manière à en savourer les mots et les images, leur permettant ainsi de s'exprimer en vous. [11]

*Celui qui a été instruit jusqu'ici des choses de l'amour, et qui a appris à voir le beau dans un ordre et selon des étapes appropriées, s'approche maintenant du terme. Il percevra soudain une beauté merveilleuse et c'est là, Socrate, la fin ultime de tous ses efforts antérieurs. Cette beauté est, premièrement, éternelle, elle ne passe ni ne devient, ni ne se développe, ni ne s'estompe. Deuxièmement, elle n'est pas belle d'un point de vue et laide selon un autre... mais elle est uniquement la Beauté, absolue, distincte, simple et éternelle, sans diminution, ni augmentation, ni aucune altération. C'est la Beauté qui est reflétée dans toutes les choses belles.*

*... Et le véritable ordre de progression dans les choses de l'amour consiste à utiliser les beautés des objets matériels comme autant d'échelons à gravir pour s'élever vers cette autre Beauté, en passant d'un objet à deux objets, et de deux à toutes les belles formes, et des belles formes jusqu'aux belles actions, et des belles actions jusqu'aux belles idées, jusqu'à ce que, des belles idées, on parvienne à la beauté absolue, et qu'on sache enfin ce qu'est l'essence de la Beauté.*

*Voilà, mon cher Socrate, reprit l'étrangère de Mantinée, quelle est la vie qui surpasse toutes les autres qu'une personne devrait vivre, dans la contemplation de la beauté absolue. C'est une Beauté que si tu la percevais une fois, tu ne poursuivrais plus l'attrait de l'or, des vêtements, des beaux garçons et des jeunes gens qui maintenant te bouleversent lorsque tu les regardes...*

## 2. Contemplation visuelle

Scrutez silencieusement le dessin de ce chapitre et notez comment chacun des différents éléments qui le composent contribue à la totalité de l'ensemble. Prêtez attention à l'orientation ascendante de ce dessin et réfléchissez à ce qu'il vous inspire.

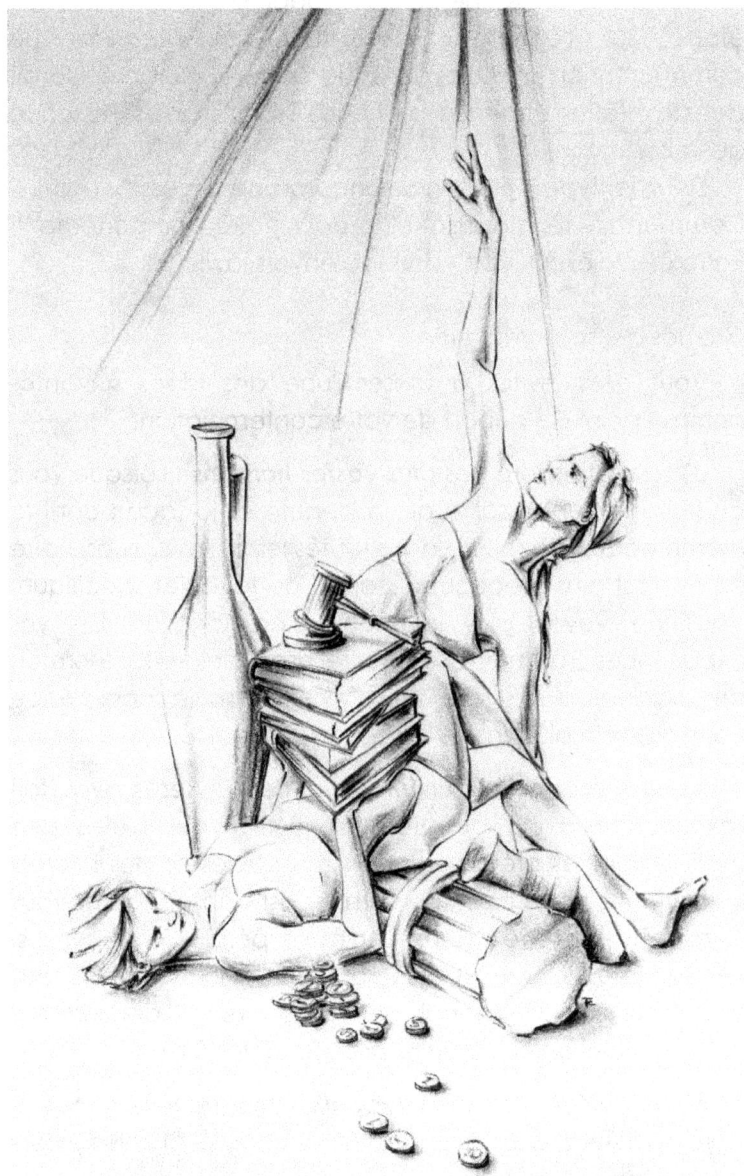

**3.** *Contemplation thématique*

Selon Platon, la sagesse s'acquiert au fur et à mesure que l'on progresse sur le chemin de la beauté parfaite. Chaque étape sur l'échelle de l'amour vous inspire une compréhension plus élevée de la beauté. Comme il le dit dans la citation ci-dessus : « et enfin il sait ce qu'est l'essence de la Beauté ».

De quel type de connaissance ou de sagesse s'agit-il ? Comment s'exprimeraient-elles dans votre comportement, votre état d'esprit, votre attitude envers la vie ?

*Graines de contemplation*

Vous êtes invités à utiliser l'une des idées suivantes comme point de départ de votre contemplation.

**a)** La métaphore des **plus vastes horizons** : Lorsque vous comprenez l'universalité de la beauté et la façon dont la même beauté se reflète dans toutes les belles choses, votre esprit n'est plus préoccupé par tel ou tel objet spécifique. Vous ne voyez plus le monde en fonction de vos expériences fragmentaires. Votre esprit s'élargit désormais de manière à ce que vous viviez dans la conscience constante de plus vastes horizons de la réalité.

**b)** La métaphore d'un **moi supérieur** : Après avoir fait l'expérience d'une beauté supérieure, vous n'êtes plus motivé par des préoccupations mesquines et des intérêts insignifiants. Votre petit moi familier est transcendé et vous commencez à vivre à partir d'un moi supérieur. Vos pensées, vos sentiments et vos désirs vous parviennent depuis une source supérieure – depuis une conscience supérieure qui apprécie des enjeux de plus grande envergure.

**c)** La métaphore du **voyageur regagnant son foyer** : Après avoir fait l'expérience de la beauté absolue, vous revenez à votre petit moi et à vos préoccupations particulières. Mais vous n'êtes plus le même. Comme un villageois qui retourne à son foyer après un long voyage autour du monde, vous êtes différent de ceux qui n'ont jamais quitté leur petit village. Maintenant, vous comprenez.

Vous pouvez sembler être un villageois ordinaire, mais intérieurement vous êtes plus sage, et vous ressentez souvent de la nostalgie et de l'incomplétude, ainsi que des émotions plus profondes que vos compagnons villageois ne peuvent même pas s'imaginer.

Chapitre 10

# ARISTOTE

## LE BONHEUR

### Introduction

Aristote (384-322 av. J.-C.) est l'un des philosophes les plus éminents de l'histoire de la philosophie occidentale. Né en Macédoine, il se rendit dans sa jeunesse à Athènes pour étudier avec Platon, puis devint plus tard le précepteur d'Alexandre le Grand. Ses écrits sont systématiques, rédigés pour la plupart sous forme de notes de cours, et couvrant pratiquement tous les champs de connaissance qui existaient à l'époque. Il a rédigé des ouvrages sur la métaphysique, la cosmologie, la physique, les mathématiques, la biologie, la psychologie, l'éthique, la politique et l'économie, l'esthétique, la musique, la poésie et le théâtre, et ces écrits sont devenus fondamentaux durant les nombreux siècles qui ont suivi sa mort. Entre autres choses, il a développé la première théorie systématique de l'éthique et a inventé un système de logique formelle qui a dominé la philosophie jusqu'à l'époque moderne.

Par contraste frappant avec son maître Platon, Aristote ne croyait pas aux niveaux supérieurs de réalité (comme les « Idées » de Platon). Sa philosophie tend à rester terrestre et de ce monde, se concentrant sur des aspects spécifiques de la vie ou de la réalité, dont elle explore la structure de manière systématique, parfois sur la base d'observations empiriques.

La discussion suivante se concentre sur le début de l'*Éthique à Nicomaque* d'Aristote, un traité majeur sur les principes de l'éthique. Aristote y traite de « l'Eudaimonia », que l'on peut traduire du grec par « bonheur » ou « épanouissement ».

## Quel est le but de la vie ?

L'*Éthique à Nicomaque*, traité d'Aristote, commence par une question : Quel est le but de nos actions dans la vie ?

Tout ce que nous faisons vise un certain but - un « Bien » que nous voulons obtenir. Mais certains de nos buts ne sont pas importants en eux-mêmes : ils ne sont que des moyens pour atteindre d'autres buts. Par exemple, vous achetez une voiture non pas pour la possession d'une voiture, mais dans le but de vous transporter, ou peut-être pour impressionner vos amis – ce qui, en soi, est un moyen de vous sentir important. Mais cette chaîne de « dans le but de » ne peut pas durer indéfiniment. Il doit y avoir une finalité qui n'est pas seulement un moyen en vue de quelque chose d'autre, mais qui est bonne en soi. C'est le but de toutes nos activités dans la vie.

Quelle est cette fin ultime, le bien le plus élevé que nous pouvons espérer atteindre par nos actions ?

## Le bonheur (*Eudaimonia*)

Aristote répond que *l'eudaimonia*, ou bonheur, est le bien final qui est le but de toutes nos actions (si elles sont rationnelles). En effet, le bonheur est un bien en soi – il est absurde de demander : « Pourquoi veux-tu être heureux ? ». Eh bien, je veux être heureux parce que je veux être heureux ! Mais ici, nous devons être précis. Plusieurs points doivent être soulignés ici :

Tout d'abord, *l'eudaimonia* n'est pas exactement le bonheur, si l'on entend par « bonheur » un sentiment subjectif agréable. Cela signifie, plus précisément, l'épanouissement. Ce que nous recherchons dans la vie, ce n'est pas simplement de nous sentir bien à tout prix – voudriez-vous être un meurtrier heureux ou un idiot heureux ? – mais plutôt de nous épanouir comme un arbre s'épanouit. Les sentiments agréables font partie de *l'eudaimonia*, mais n'en constituent pas la totalité.

Cela nous amène à un deuxième point : *l'eudaimonia* ou le bonheur n'est pas un état momentané. Il ne suffit pas de se sentir bien pendant deux minutes pour être considéré comme une personne heureuse. Le bonheur est un état qui se prolonge sur une longue période, voire sur toute une vie entière.

Troisièmement, afin d'être heureux, il ne suffit pas de penser que vous êtes heureux. Par exemple, une personne qui se « défonce » tout le temps avec des drogues n'est pas une personne heureuse, même si elle se l'imagine. Il faut également des critères objectifs pour déterminer si l'on se trouve ou non dans un état de bonheur : la recherche du bonheur se doit d'être rationnelle. Parce que, nous dit Aristote, la rationalité, ou la raison, est un élément essentiel de notre nature humaine. S'épanouir en tant qu'être humain ne signifie pas s'épanouir en tant que zombie, ou en tant que chien, mais en tant qu'être humain rationnel.

Aristote mentionne plusieurs autres éléments de l'*eudaimonia*, tels que le fait d'avoir des amis, une bonne famille, de la chance – sans lesquels il est difficile de s'épanouir. Mais l'élément le plus intéressant est peut-être que l'*eudaimonia* va de pair avec une éthique. Pour s'épanouir au sens de l'*eudaimonia*, il faut être une personne vertueuse. Il faut être courageux, généreux, honnête, etc.

C'est à ce moment-là qu'Aristote entame sa célèbre discussion sur la nature des vertus. Il conclut que la vertu est une tendance comportementale qui peut être développée comme une seconde nature que l'on atteint à force de pratique.

En outre, la vertu se situe généralement à mi-chemin entre deux extrêmes : le courage se situe entre la lâcheté et la témérité, la générosité entre la prodigalité et l'avarice, etc.

En résumé, pour Aristote, le bonheur consiste donc en une activité rationnelle conforme à la vertu pendant toute la durée de notre existence.

*Quelques concepts clefs auxquels réfléchir :*

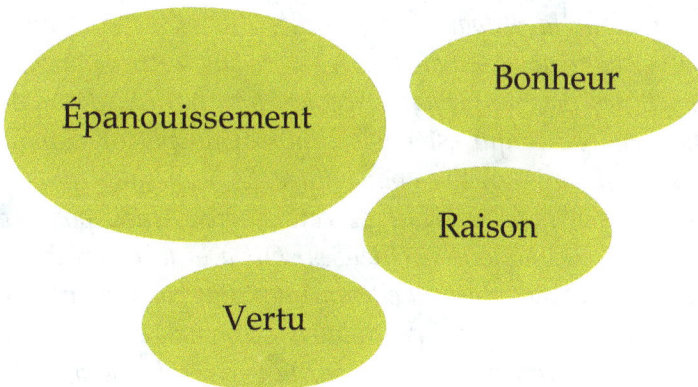

Épanouissement

Bonheur

Raison

Vertu

## Contemplation

La conception qu'a Aristote des vertus et de *l'eudaimonia* est complexe, mais dans le cadre de notre contemplation personnelle, les éléments ci-dessus sont suffisants. Concentrons-nous sur les principaux concepts que nous avons rencontrés – le bonheur, la vertu, et la raison – et contemplons la manière dont ils sont reliés les uns aux autres.

*1. Contemplation de texte*

Réfléchissez à l'expérience de votre propre vie et considérez comment votre *eudaimonia* ou bonheur est lié à vos propres vertus éthiques. D'après votre propre expérience, est-il possible d'être à la fois immoral et heureux, ou réciproquement, moral et malheureux ? Gardez cette question à l'esprit tout en lisant tranquillement et lentement les fragments suivants de *l'Éthique à Nicomaque* d'Aristote, tout en laissant les mots s'exprimer en vous : [12]

*Le bonheur est quelque chose de final et d'autosuffisant, et il est le but de toutes nos actions.*

*...*

*Or, pour la plupart des gens, les diverses choses qu'ils trouvent agréables se heurtent les unes aux autres, parce que ces choses ne sont pas agréables par nature. Mais les amoureux de ce qui est noble trouvent du plaisir dans les choses qui sont agréables par nature. Et les actions qui sont conformes à la vertu sont de cette sorte. Ainsi, pour ces personnes, les actions vertueuses sont à la fois agréables à leurs yeux et agréables en elles-mêmes. Par conséquent, leur vie n'a pas besoin du plaisir comme d'un attrait supplémentaire vers la vertu, car la vertu est déjà agréable en elle-même. ...*

*S'il en est ainsi, les actions vertueuses doivent être en elles-mêmes agréables. Et elles sont certainement belles et nobles, et elles le sont au plus haut degré, puisque l'homme de bien forme de bons jugements en ces matières. Dès lors, le bonheur est ce qu'il y a de plus excellent, de plus noble et de plus agréable dans la vie.*

## 2. Contemplation visuelle

En vous rappelant les notions d'*eudaimonia* et de vertu d'Aristote, regardez le dessin de ce chapitre, imprégnez-vous-en et laissez-le « s'exprimer » en vous. Qu'est-ce que ce dessin vous suggère à propos de ces deux concepts ?

## 3. Contemplation thématique

La notion « d'eudaimonia » d'Aristote combine plusieurs éléments différents : un sentiment subjectif de bien-être, une continuité sur une longue période de temps, le bonheur, la rationalité, la vertu morale. On pourrait s'interroger : Comment tous ces éléments sont-ils reliés entre eux au sein de la notion d'*eudaimonia*, et quelle est la « colle » qui les unit tous ensemble ? Comment devrions-nous concevoir l'essence générale de l'*eudaimonia* ?

*Graines de contemplation*

Pour contempler cette question, les idées suivantes peuvent servir de points de départ :

**a)** L'image d'un **arbre florissant** : Je suis un arbre qui s'efforce de développer ses racines, ses branches, ses feuilles et ses fruits. Le développement ne se produisant pas de lui-même – je dois me nourrir moi-même avec soin et patience afin de réaliser ma pleine nature d'arbre. La culture de mes capacités naturelles en tant qu'arbre, tout comme la culture de notre rationalité et de notre vertu humaine, me procure un sentiment de bonheur et de bien-être.

**b)** L'image du **danseur** : Pour Aristote, la vertu est une excellence du caractère et, en tant que telle, elle ne dépend pas seulement de la manière dont vous vous sentez ou pensez, mais principalement de la manière dont vous agissez dans le monde. Cela peut être comparé à la danse : Vous êtes un excellent danseur lorsque vous pouvez exprimer votre excellence sur scène. Vous devez savoir comment vous mouvoir avec grâce, comment parvenir à la concentration et à l'équilibre, et comment agir avec précision. Et lorsque vous avez maîtrisé la danse de la vie, vous l'accomplissez avec joie. C'est le bonheur de danser.

**c)** Le concept de **célébration de mon humanité** : Je m'épanouis dans l'*eudaimonia* lorsque je réalise mes potentialités humaines les plus élevées. Il ne s'agit pas des bas plaisirs de la boisson ou de l'excitation d'une fête endiablée, mais de la joie sublime de la célébration des dimensions les plus élevées de mon humanité – mon excellence, ma rationalité, mes vertus.

*PARTIE C*

## LES PHILOSOPHES HELLÉNISTIQUES

En dépit de la perte d'indépendance de la Grèce et de son assimilation à des empires plus vastes, la culture grecque a exercé une influence considérable sur de nombreuses sociétés du bassin méditerranéen et jusqu'à l'Asie centrale. Plusieurs écoles philosophiques importantes ont prospéré à cette époque, chacune perdurant pendant plusieurs générations voire plusieurs siècles, notamment l'Épicurisme, le Stoïcisme, le Néo-platonisme, le Scepticisme, l'école Péripatéticienne, le Cyrénaïsme et le Cynisme. Dans les chapitres suivants, nous nous concentrerons sur les quatre premières.

# Chapitre 11

# Epicure

## LES VRAIS ET LES FAUX BESOINS

### Introduction

Épicure (341-270 av. J.-C.) était un philosophe grec qui a fondé ce qu'on appelle l'Épicurisme, une école de pensée importante de la période hellénistique. Lorsqu'il avait une trentaine d'années, il acheta une maison avec un jardin à l'extérieur d'Athènes, où lui et ses disciples passaient ensemble des moments paisibles et conversaient. C'est le légendaire « jardin d'Épicure ».

Épicure concevait le monde comme un composé d'une substance matérielle, un peu à l'image de la science moderne. Il pensait que la nature était faite d'atomes, qu'il n'y avait pas d'âme et que la mort était la fin de notre existence. Il est célèbre pour avoir enseigné que le but de la vie est ce qu'il appelait le « plaisir », autrement dit un état d'esprit tranquille, exempt de toute forme de souffrance, y compris l'anxiété, l'agitation et la frustration. Dans ce genre de vie, nous évitons les désirs excessifs et satisfaisons nos besoins indispensables et essentiels, tels que la nourriture et l'habillement, les relations amicales, la possibilité de converser ainsi que la pratique en commun de la philosophie. La philosophie d'Épicure a influencé de nombreux penseurs à travers les âges.

## Qu'est-ce qu'un vrai besoin ?

– « J'ai besoin d'une nouvelle voiture », dit un mari à sa femme.

– « Tu veux dire que tu désires une nouvelle voiture ; tu n'en as pas vraiment besoin. Notre vieille voiture convient parfaitement. »

– « Mais tu imagines l'admiration des voisins lorsqu'ils nous verront dans une nouvelle voiture de sport rouge ? »

– « Ce n'est pas un besoin, c'est un fantasme ! »

Ce petit dialogue démontre que ce dont vous pensez avoir besoin n'est pas nécessairement ce dont vous avez véritablement besoin. Considérez les nombreuses choses que vous poursuivez ou convoitez dans la vie de tous les jours – de nouveaux vêtements et bijoux de luxe, des restaurants et des fêtes, des voyages, de l'argent et du pouvoir. Avez-vous vraiment « besoin » de toutes ces choses ? Plus généralement, que considère-t-on comme un vrai besoin, par opposition à un besoin imaginaire ou à un faux besoin ? C'est le problème que soulevait Épicure, et qu'il considérait comme crucial pour mener une vie heureuse. Le problème pour répondre à cette question, estimait Épicure, est que la plupart des gens ne comprennent pas ce dont ils ont réellement besoin. Le rôle de la philosophie est de les aider à trouver cette réponse.

## Les vrais besoins favorisent le « plaisir »

La réponse d'Épicure est la suivante : un désir exprime un vrai besoin s'il peut vous aider à atteindre ce qui a de la valeur dans la vie. Les faux besoins sont des désirs qui ne vous aident pas à y parvenir et qui peuvent même y faire obstacle.

Ainsi, qu'est-ce qui a de la valeur dans la vie ?

Selon Épicure, la qualité la plus précieuse dans la vie est le plaisir. Une vie heureuse est une vie de plaisir. Toutefois, par « plaisir », il n'entend pas les fêtes endiablées où règnent le vin et les passions (comme le lui reprochaient ses adversaires), parce qu'il définit le plaisir comme l'absence de douleur. Ainsi, une vie heureuse est une vie tranquille, libérée de la détresse, de la douleur et de toute excitation excessive. Elle est guidée par la raison et la modération et évite tout ce qui peut causer de l'agitation et de l'affliction, comme la course au succès, la recherche de l'argent, l'envie de vêtements et de nourriture raffinés, la luxure et la débauche.

Quels sont les besoins qui favorisent une telle vie ? Le minimum pour vous assurer du confort et de la sécurité. Tout ce qui dépasse ce confort et cette sécurité minimale est excessif. Vous avez vraiment besoin d'un endroit pour vivre, de quelques vêtements à porter, de suffisamment de nourriture pour ne pas avoir faim, mais pas de beaucoup plus. De la nourriture, des vêtements et un logement simple suffisent – toute extravagance serait superflue, et par conséquent destructive pour votre bien-être. En outre, vous devez maintenir une activité agréable tout au long de la journée, ce qui, pour Épicure, signifie principalement des amis pour vous tenir compagnie et de prendre part à des conversations philosophiques.

La plupart des gens, cependant, désirent davantage. Ils désirent être riches ou avoir du succès, de pouvoir porter des vêtements coûteux, de posséder toutes sortes de choses, de s'amuser et de ressentir de l'excitation. Ils sont animés par de faux besoins qui ne contribuent pas à la vie tranquille et agréable qui est si précieuse. La philosophie peut leur montrer qu'ils sont dans l'erreur.

*Quelques concepts clefs auxquels réfléchir :*

Vrais besoins

Faux besoins

Plaisir tranquille

Affliction

## Contemplation

Les idées d'Épicure remettent en question la culture du consumérisme et de la course au succès promue par la société contemporaine, et que la plupart d'entre nous partageons à un degré ou à un autre. Songeons à l'alternative qu'il propose : Imaginez que vous ayez la possibilité de vivre avec vos amis dans une maison de retraite paisible, comme le jardin d'Épicure, sans avoir besoin de travailler pour gagner votre vie, à condition de mener une vie épicurienne simple et tranquille. Qu'est-ce que cela vous ferait de vivre aussi simplement et agréablement pendant un certain temps ? Et quelles capacités ou sensibilités devriez-vous cultiver en vous-même afin de vous épanouir dans un tel mode de vie ?

*1. Contemplation de texte*

Lisez lentement et attentivement le texte suivant, qui décrit le mode de vie épicurien. Essayez de vous replacer dans ce mode de vie et de ressentir l'attitude intérieure qu'il requiert. Le texte est tiré de la *Lettre à Ménécée* d'Épicure : [13]

*Le but de toutes nos actions est d'être libéré de la douleur et de la peur, et une fois que tout cela se réalise en nous, la tempête de l'âme s'apaise, puisque la créature vivante n'a pas besoin de se mettre à la recherche de quelque chose qui lui ferait défaut, ni de rechercher quoi que ce soit d'autre pour combler le bien de l'âme et celui du corps. C'est pourquoi nous appelons le plaisir le commencement et la fin de la vie bienheureuse.*

*...*

*Ce qui est naturel est facile à se procurer, tandis que les plaisirs vains et sans valeur sont difficiles à obtenir. Une nourriture simple procure autant de plaisir qu'un régime alimentaire somptueux, une fois que la douleur liée au besoin a été supprimée ; et le pain et l'eau procurent le plus grand des plaisirs lorsqu'ils sont portés à des lèvres affamées. Par conséquent, s'habituer à une alimentation simple et peu coûteuse est tout ce qui est requis pour demeurer en bonne santé, et cela rend l'homme capable de pourvoir aux nécessités de l'existence.*

**2.** *Contemplation visuelle*

En gardant à l'esprit les notions de faux besoins, de vrais besoins et de plaisir épicurien, examinez lentement ce dessin et essayez de discerner ce qu'il vous suggère.

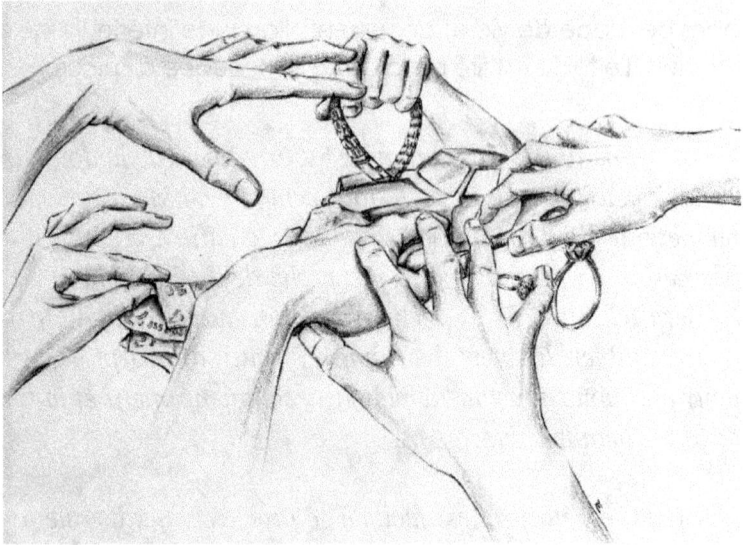

### 3. Contemplation thématique

Que vous acceptiez ou non l'objectif de « plaisir » d'Épicure, vous pouvez toujours vous demander si vos désirs expriment de vrais ou de faux besoins. Que vous accordiez de l'importance au plaisir, à la sagesse, à l'amour ou à autre chose, ou bien à une combinaison de plusieurs choses, vous pourriez vous demander si vos désirs vous aident à atteindre ces valeurs.

Considérez le temps que vous passez sur votre smartphone, ou à faire des commérages, ou encore à faire des heures supplémentaires pour gagner plus d'argent – tout cela est-il bien nécessaire ? Pensez à l'énergie que vous dépensez pour tenter de faire bonne impression sur autrui ou pour mener à bien des projets non essentiels. Pensez à l'argent que vous dépensez pour acheter des gadgets inutiles, pour remplacer de vieux objets par de nouveaux ou encore pour aller au restaurant. Vous constaterez probablement que beaucoup de ces choses ne vous conduisent pas à ce que vous considérez comme ayant le plus de valeur. De toute évidence, nous consacrons une grande partie de notre temps et de nos ressources à de faux besoins.

D'où notre question en vue de la contemplation : Qu'est-ce que notre préoccupation pour les faux besoins – en d'autres termes, les désirs non essentiels – nous indique sur notre nature humaine ? Plus concrètement, imaginons qu'un groupe d'extraterrestres venus des confins de l'espace se rende sur Terre pour observer l'humanité, et qu'il remarque notre préoccupation pour des désirs qui semblent extravagants et superflus. Qu'en concluraient-ils sur la nature humaine ?

*Graines de contemplation*

Pour réfléchir à cette question, les graines d'idées suivantes peuvent vous aider à développer votre réflexion :

**a)** La métaphore du **prisonnier psychologique**. Nous sommes contrôlés par nos modèles psychologiques de pensée et de comportement, qui détournent notre attention de nos véritables besoins. Nos mécanismes psychologiques nous poussent à désirer toujours plus, tout en nous détournant des choses importantes. Nous sommes donc prisonniers de forces automatiques qui contrôlent notre esprit, et nous perdons souvent le contact avec nos véritables besoins.

**b)** La métaphore de **la plante agave**. Nous, les humains, sommes comparables à la plante agave qui fleurit une seule fois au cours d'une période de plusieurs années. Nous ne pouvons pas produire continuellement des fleurs magnifiques, pas plus que nous ne pouvons suivre nos véritables besoins en permanence. La vie est complexe et elle exige beaucoup de choses - y compris de la détente, des commissions sans intérêt, des plaisirs idiots, des rencontres mondaines. Pourtant, tant que nous parvenons à agir en fonction de nos véritables besoins de temps à autre, peut-être une fois par jour ou même une fois par semaine, alors notre vie est comblée, tout comme une si rare fleur d'agave comble la vie entière de sa plante.

**c)** Le concept de *la préciosité du plaisir et de l'excitation*. Le fait que les gens recherchent le plaisir et l'excitation démontre, contrairement aux vues d'Épicure, qu'il s'agit de qualités importantes dans la vie humaine. Manger des plats exotiques, faire des fêtes endiablées, regarder des émissions de télévision amusantes, acheter des vêtements chics et des bijoux coûteux, tout cela contribue manifestement à la qualité de la vie. Si tel est le cas, il n'est donc pas nécessaire de m'en priver et de réprimer mes désirs à l'aide d'exercices épicuriens spéciaux. Mes désirs sont sains et précieux tels qu'ils sont.

Chapitre 12

# LES $S$ TOÏCIENS

## MON VÉRITABLE MOI

### Introduction

Le stoïcisme est une importante école philosophique hellénistique qui a prospéré du IIIe siècle av. J.-C. jusqu'à la montée en puissance du christianisme au IVe siècle de notre ère. Elle comptait plusieurs penseurs influents, parmi lesquels Sénèque (4 av. J.-C. - 65 apr. J.-C.), Épictète (50-135 apr. J.-C.) et Marc Aurèle (121-180 apr. J.-C.).

La philosophie stoïcienne comprenait de nombreuses branches de la connaissance, mais sa plus grande influence et sa plus grande renommée provenaient de sa vision de la manière dont la vie devrait être vécue. Pour les stoïciens, tout ce qui se produit dans le monde est déterminé par le Logos universel, ou la raison. Le seul endroit où réside la liberté est l'âme humaine. Toutefois, nous n'exerçons généralement pas notre liberté parce que nous nous laissons contrôler par des forces psychologiques telles que les désirs, les passions et les attachements. En conséquence, nous nous retrouvons souvent frustrés, en colère ou agités.

L'objectif des stoïciens était d'atteindre la liberté intérieure par rapport à ces forces psychologiques et de maintenir la paix intérieure et l'équanimité face à tout ce qui pourrait nous arriver. Pour y parvenir, les stoïciens pensaient que nous devions cultiver notre centre intérieur, qui correspond à la faculté rationnelle en nous. Lorsque nous agissons d'après cette faculté intérieure, nous sommes rationnels, libres et en harmonie avec le Logos qui gouverne le cosmos.

## Quel est mon véritable moi ?

Dans la vie de tous les jours, nous parlons de « moi » ou de « je » dans plusieurs sens différents. Au sens le plus large, « je » inclut mon corps (par exemple, lorsque je dis : « Je suis assis à table » ou « Je suis grand »), mon travail (« Je suis enseignant »), et même mes possessions (« Je suis un propriétaire terrien »). Mais du point de vue stoïcien, cette façon de parler est inexacte, car ce qui me caractérise, c'est ma nature unique d'être humain, c'est-à-dire mon être intérieur, et non mon corps ou mon activité corporelle, que possèdent également les animaux.

Dans un sens plus étroit, je suis mon identité psychologique – mes sentiments et mes pensées, mes intentions, mes angoisses et mes espoirs. Mais du point de vue de la perspective stoïcienne, cette acception est également trop large, car elle inclut des éléments qui ne sont pas de mon fait – ce qui résulte de tendances ou de réactions automatiques (« j'ai été effrayé » ou « j'ai ressenti de la jalousie »), et certains de ces éléments échappent à mon contrôle (« j'ai mal au pied »).

Pour les stoïciens, ce qui n'est pas entièrement sous mon contrôle n'est pas véritablement mien. En effet, cela ne me caractérise pas en tant qu'acteur libre et rationnel, ce qui est mon caractère unique en tant qu'être humain. Ce qui est incontrôlable m'arrive donc à moi, mais ce n'est pas véritablement moi. Le moi véritable doit être une source de pensée et d'action libres. Mais qu'est-ce que ce véritable moi ?

## Mon principe directeur

Selon les stoïciens, le monde est un cosmos - un ensemble harmonieux dans lequel chaque détail est exactement comme il devrait être, et où chaque chose se comporte conformément à sa nature : L'arbre se développe conformément à sa nature d'arbre, et la rivière s'écoule conformément à la nature de l'eau. Si vous, lecteur moderne, ne voyez pas l'harmonie dans le monde, si vous pensez que le monde est cruel et irrationnel, c'est parce que vous le regardez à partir de votre perspective étroite et égocentrique. Vous êtes comme une petite fourmi qui se plaindrait de son dur labeur. Mais dans la perspective plus large d'un biologiste, la vie d'une fourmilière, avec ses difficultés et ses désastres, est une merveilleuse œuvre d'harmonie naturelle. Il en va de même pour l'être humain. Votre vie personnelle peut sembler entachée de maladie et de malheur, mais même cela fait partie de l'harmonie cosmique universelle.

Ainsi, dans le cosmos stoïcien, tout se produit exactement comme il se doit, conformément au Logos cosmique qui le gouverne. Votre environnement, votre corps, votre psychologie – tout cela se produit par nécessité, sans laisser aucune place au hasard ou à la liberté.

Cependant, dans cet océan cosmique de nécessité, il existe une minuscule bulle de liberté dans chaque âme humaine. Votre moi véritable est cette bulle de liberté, et vous êtes libre de la cultiver ou d'en abuser. Les stoïciens le nommaient « daemon », « principe directeur » ou « faculté de commandement » pour indiquer le pouvoir qu'il possède de diriger vos actions et votre vie.

Ce véritable moi qui est en nous peut faire des choix libres, bien que les résultats de ces choix ne soient pas toujours prévisibles en raison de circonstances extérieures indépendantes de notre volonté et de notre contrôle, telles que les accidents, la maladie et le comportement des autres. Néanmoins, bien que nous ne soyons pas libres de déterminer les circonstances extérieures, nous sommes libres de contrôler nos réactions intérieures à ces circonstances. Par exemple, il se peut que nous ne puissions pas éviter un accident de voiture, mais nous demeurons libres de décider comment y réagir lorsqu'il se produit : avec colère et frustration, ou alternativement avec calme et dans la paix intérieure. C'est en effet la finalité du mode de vie stoïcien : de réveiller le moi véritable en nous et d'agir ainsi de manière rationnelle, en toute liberté et en toute sérénité.

*Quelques concepts clefs auxquels réfléchir :*

Raison

Cosmos

Le Moi

Liberté

Tranquillité

## Contemplation

Les stoïciens comprenaient que notre véritable moi, ou principe directeur, est souvent dominé par des distorsions psychologiques, telles que nos attentes et nos désirs irrationnels, nos émotions malavisées ou notre attachement à la sécurité et au confort. Par conséquent, nous devons constamment exercer notre moi et le renforcer si nous voulons le libérer de ces distorsions psychologiques. Les stoïciens ont conçu toute une panoplie d'exercices de ce type comprenant le rappel régulier de la manière dont vous devriez vous comporter, la visualisation de votre place dans le vaste cosmos, la préparation à d'éventuelles catastrophes et d'autres exercices du même genre.

Cependant, même avec ces exercices, il est clair qu'à différents moments de notre vie, nous sommes plus ou moins équilibrés, plus ou moins libérés de nos désirs et de nos peurs, plus ou moins en possession de notre liberté intérieure. Permettons-nous de nous poser les questions suivantes en vue de notre contemplation : À quoi ressemble le fait d'être connecté à mon centre intérieur (ou principe directeur) ? Qu'est-ce exactement que cet état de connectivité ? Et comment puis-je le cultiver ?

### 1. Contemplation de texte

Lisez lentement le texte suivant, en laissant les mots et les images flotter dans votre esprit comme des nuages dans le ciel, sans essayer de leur imposer vos opinions ou vos analyses. Cet exercice est appelé « la contemplation flottante libre ». Essayez de ressentir dans votre imagination à quoi ressemble votre « daemon » intérieur, et notez si de nouvelles intuitions apparaissent dans votre esprit.

Nous utiliserons ici plusieurs fragments des Pensées pour moi-même, un livre influent du philosophe stoïcien et empereur romain Marc Aurèle, dans lequel il a consigné ses pensées et exercices personnels. [14]

Livre II, 17 :

> *Tout ce qui appartient au corps est pareil à un ruisseau, et ce qui appartient à l'âme est pareil à un songe et de la fumée, tandis que la vie est une guerre et un séjour étranger, et qu'après la renommée viendra le temps de l'oubli. Qu'est-ce qui donc est à même de guider une personne ? Une seule et unique chose : la philosophie.*
>
> *Mais celle-ci consiste à conserver le daemon qui est en toi indemne et libre de toute violence, supérieur aux douleurs et aux plaisirs, ne faisant rien sans but, ni faussement ni avec hypocrisie ... et, finalement, à attendre la mort avec un esprit joyeux, puisqu'elle n'est rien d'autre qu'une dissolution des éléments dont tout être vivant est composé.*

Livre XII, 3 :

> *Tu es composé de trois choses : un petit corps, un souffle vital et une intelligence. De ces trois choses, les deux premières ne sont tiennes que dans le sens où tu as le devoir d'en prendre soin, mais seule la troisième est proprement tienne.*

C'est pourquoi tu dois séparer de toi-même – c'est-à-dire de ton entendement – tout ce que les autres font ou disent, tout ce que tu as toi-même fait ou dit dans le passé, et toute les choses futures qui te troublent parce qu'elles pourraient arriver ; et tout ce qui est dans le corps qui t'enveloppe ou dans le souffle vital associé au corps, et tout ce qui se produit dans le tourbillon des événements autour de toi ; de sorte que ta faculté intellectuelle qui est soustraite au destin puisse vivre librement et en toute pureté par elle-même, accomplissant ce qui est juste, acceptant ce qui arrive, et disant la vérité ...

Tu seras alors capable de passer la portion de vie qui te reste jusqu'à ta mort, libre de toute perturbation, noblement, et obéissant à ton propre daemon.

### 2. Contemplation visuelle

Pensez à votre propre principe directeur, ou daemon, en vous, qui est libre des forces psychologiques et qui est capable de faire des choix libres en toute tranquillité et avec raison. Examinez silencieusement le dessin de ce chapitre et méditez sur ce qu'il vous dit de vous et de votre liberté.

### 3. Contemplation thématique

Si les stoïciens affirmaient à juste titre que nous avons un moi véritable qui peut nous guider pour vivre librement, paisiblement et rationnellement, alors comment pouvons-nous le cultiver ?

*Graines de contemplation*

Pour contempler cette question, nous pourrions commencer par une des graines de contemplation suivantes, comme un point de départ pour développer nos propres intuitions :

**a)** Le concept de **faiblesse de la volonté.** La raison pour laquelle je perds souvent le contact avec mon véritable moi est que je suis faible. Je peux être trop fatigué ou trop paresseux, ou je peux ne pas avoir suffisamment de détermination pour revenir à mon for intérieur et lui obéir. Afin de surmonter cette situation, je dois exercer quotidiennement ma volonté, tout comme je le fais avec mon corps : Je dois choisir des tâches exigeantes et moi-même me forcer à les accomplir. Petit à petit, je les rendrai de plus en plus difficiles afin de renforcer ma capacité à faire preuve de volonté.

**b)** La métaphore de **l'apprentissage de l'écoute intérieure** : mon véritable moi essaie toujours de me guider pour vivre de manière convenable, mais je ne l'entends que rarement. Mon esprit est plein de distractions et ma cacophonie intérieure noie la voix de mon véritable moi. Par conséquent, je devrais m'entraîner à m'asseoir paisiblement chaque jour et à écouter intérieurement la voix de mon moi véritable.

**c)** L'image du **jardinier et du jeune arbre** : Mon être véritable est fragile. Comme un jeune arbre, il est vulnérable aux forces extérieures - aux vents, au soleil et aux pluies. Je dois donc le cultiver comme un bon jardinier en le protégeant et en le nourrissant avec soin. Cela signifie que je ne dois pas exposer mon être véritable à des conditions difficiles jusqu'à ce qu'il grandisse, mûrisse et devienne plus fort. Jusque-là, je ne devrais lui laisser effectuer que des tâches simples, tout en le soutenant et en l'encourageant.

# Chapitre 13

# LE Néoplatonisme

## LE DIVIN EN SOI-MÊME

### Introduction

Le néoplatonisme (ou néo-platonisme) est une école philosophique majeure qui a prospéré à la fin de l'Antiquité. Les néoplatoniciens se considéraient comme des disciples de Platon (mort plusieurs siècles auparavant), mais en réalité, ils sont allés bien au-delà de sa philosophie en introduisant de nouvelles idées. Leur influence sur la philosophie ultérieure, en particulier au Moyen Âge et à la Renaissance, a été profonde. Le néoplatonicien le plus célèbre et le plus influent est le philosophe Plotin (204 - 270 apr. J.-C.). D'autres néoplatoniciens importants furent l'élève de Plotin, Porphyre (224 - 305 apr. J.-C.), l'élève de Porphyre, Lamblichus (245 - 325 apr. J.-C.), et Proclus (412 - 485 apr. J.-C.).

Malgré les différences entre les différents penseurs néoplatoniciens, deux idées centrales, communes à la plupart d'entre eux, sont particulièrement dignes d'intérêt pour notre propos : Tout d'abord, l'idée que la réalité est organisée sur plusieurs niveaux différents, les uns en dessous des autres, depuis le niveau le plus réel et spirituel au sommet, jusqu'au monde le plus matériel et le plus inférieur situé en bas de la hiérarchie.

La deuxième idée à retenir est que notre but dans la vie, en tant qu'êtres humains, est de transcender le monde matériel pour atteindre des niveaux de réalité plus élevés et de s'unifier avec le niveau de réalité le plus élevé possible.

Différents néoplatoniciens ont envisagé différemment la manière de transcender le monde matériel. Plotin mettait l'accent sur la méditation, la réflexion philosophique et le détachement du monde matériel. Porphyre mettait l'accent sur une vie de vertu et de pureté, du moins au début du cheminement. D'autres ajoutaient la prière aux dieux, considérés comme des énergies intermédiaires entre le monde matériel et le niveau spirituel le plus élevé. Au-delà de ces différences, toutes les philosophies néoplatoniciennes ont une orientation « verticale », en ce sens qu'elles se concentrent sur la relation entre les niveaux supérieurs et inférieurs de la réalité.

## Quel est l'élément divin en moi ?

Dans son essai *Sur la vie de Plotin*, Porphyre écrit à propos de son éminent maître Plotin : « Le but de sa vie était par-dessus tout de s'unir au divin. Et quatre fois durant la période où je fus avec lui, il réalisa cette union ». [15]

Dans le même essai, Porphyre nous raconte également les dernières paroles de Plotin avant sa mort : « Je m'efforce de rendre le Divin en moi-même au Divin dans le Tout. » [16]

Ou, dans une autre traduction : « Je m'efforce de ramener le Dieu qui est en vous-mêmes au Dieu qui est dans le Tout ». Voilà donc le but ultime de la philosophie néoplatonicienne. Nous ne philosophons pas par curiosité intellectuelle, mais par un désir profond d'entrer en contact avec l'élément divin qui est en nous et d'élever celui-ci jusqu'à sa source divine.

Mais que signifie de trouver « le Dieu en moi » ou « l'élément divin en moi » ?

Afin d'affiner la question, rappelons-nous que pour Plotin, la réalité est organisée en plusieurs niveaux, le plus parfait et divin au sommet, et le plus grossier à sa base. Au sommet se trouve « l'Un » - l'unité parfaite qui est au-delà de tout concept et de toute pensée, et qui ne contient ni division ni changement. À la base se trouve le monde matériel que nous percevons tout autour de nous, le monde des corps, des formes et des couleurs, du mouvement, de la croissance et de la décomposition. Entre le niveau le plus élevé et le niveau le plus inférieur, il existe deux niveaux intermédiaires : le « Noûs » (ou l'intellect) et l'Âme, bien que des néoplatoniciens ultérieurs aient ajouté d'autres niveaux. Chaque niveau de réalité émerge ou « émane » de la réalité qui le surplombe, de sorte que l'Un est la source de tout.

En résumé, pour Plotin, la série des émanations est la suivante :

(1) L'Un ;

(2) Le Noûs (l'intellect au fondement de l'existence, qui est aussi le domaine de la compréhension intuitive) ;

(3) L'Âme (l'âme du cosmos, qui contient également les âmes humaines individuelles.

(4) Le monde matériel, qui est grossier et ignoble.

Normalement, nous demeurons au niveau le plus inférieur - le monde matériel. Nous nous identifions à notre corps et nous nous immergeons dans notre environnement matériel. Mais notre véritable objectif est de relier l'élément divin qui est en nous aux niveaux supérieurs de la réalité, et ultimement à l'Un.

Nous pouvons maintenant revenir à notre question : si moi, en tant qu'être humain incarné, je vis dans le monde matériel, alors qu'est-ce que cet élément divin qui est en moi ?

## Ma source divine

Pour les néoplatoniciens, l'Un divin n'est pas une « chose » extérieure à moi, pas plus qu'il n'est un « père au paradis » à connotation religieuse. Ce n'est pas quelqu'un qui m'aime, qui me protège ou qui écoute mes prières - ce n'est pas du tout un « quelqu'un ». Il s'agit plutôt de l'unité primordiale qui est la source de toute la réalité, semblable à l'idée du « Bien », du « Vrai », du « Beau » de Platon. À partir de ce niveau le plus élevé, la réalité émane vers des niveaux de plus en plus inférieurs par le biais d'une série d'émanations.

L'émanation ne signifie pas qu'un niveau de réalité « crée » un autre niveau, à la manière dont le Dieu biblique créa le monde. Il ne s'agit pas d'un acte qui se produit à un moment précis ou qui nécessite une intention ou un effort particulier. L'émanation signifie, au contraire, qu'un niveau de réalité s'exprime dans une réalité moindre, un peu comme lorsqu'un objet projette une ombre qui est moins réelle que l'original.

Cela signifie que l'Un divin est mon ultime origine. En effet, il y a quelque chose de divin en moi, mais cette chose est éloignée de sa source et est emprisonnée dans une « ombre » inférieure et basale, pour ainsi dire. Notre aspiration humaine au divin est l'aspiration à trouver l'élément divin en nous et à le ramener à sa source.

*Quelques concepts clefs auxquels réfléchir :*

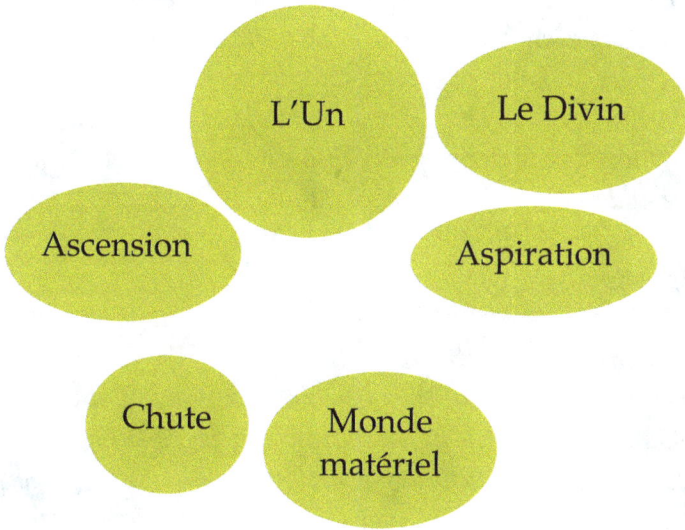

L'Un

Le Divin

Ascension

Aspiration

Chute

Monde matériel

## Contemplation

Laissons-nous contempler l'idée néoplatonicienne selon laquelle il existe un élément supérieur, divin, en moi-même. A quoi ressemble de faire l'expérience de cet élément, et comment puis-je le trouver ? Nous pouvons contempler la présente question de manière personnelle, en traduisant et même en modifiant les idées néoplatoniciennes en fonction de notre expérience personnelle et de notre compréhension de nous-mêmes.

### *1. Contemplation de textes*

Dans le passage suivant, Plotin décrit sa propre expérience de l'ascension et de la chute : [17]

*Souvent, je suis soulevé hors du corps pour revenir à moi-même, et devenant extérieur à toutes les autres choses mais centré en moi-même, je contemple une merveilleuse beauté. Alors, plus que jamais, j'ai la certitude d'appartenir à l'ordre le plus élevé. Je réalise la vie la plus noble, je me confonds avec le divin, je me situe en son sein. Parvenu à ce niveau d'activité, je suis placé au-dessus de tout ce qui, dans le domaine Intellectuel, est de moindre valeur que l'être Suprême.*

*Pourtant, survient le moment de la descente de la compréhension intuitive (« intellectuelle ») vers le raisonnement. Ainsi, après avoir accédé au divin, je me demande : « Comment se fait-il que je sois maintenant redescendu ? Comment l'âme qui lorsqu'elle est dans le corps est une si noble chose comme elle l'a montré être elle-même, comment cette âme a-t-elle seulement pu entrer dans mon corps ?*

Dans une section ultérieure du même traité, Plotin répond à sa propre question : mon âme retombe dans le monde matériel parce qu'elle est aussi responsable de la gestion de mon corps. Et lorsqu'elle redescend du domaine « intellectuel » de la compréhension spirituelle holistique vers le domaine matériel, elle en oublie sa véritable source :

*Les âmes individuelles ont le pouvoir d'administrer le domaine inférieur de leur corps matériel. Elles sont comme la lumière solaire qui est rattachée au-dessus du soleil, mais qui prend également soin de ce qui se trouve en dessous.*

*Aussi longtemps que les âmes se trouvent dans le domaine intellectuel, elles restent entières et libres de tout soin et de toute difficulté. Mais il arrive un moment où les âmes redescendent de l'universel vers le monde matériel, et elles deviennent alors partiales et égocentriques. Lorsque cet état se prolonge, l'âme déserte du Tout. Elle n'est plus qu'une chose partielle, isolée, affaiblie, pleine de soucis, préoccupée par son fragment, déconnectée du Tout. Elle réside en un seul corps, ne s'occupant que de lui. ...*

*Pourtant, même dans son état déchu, l'âme a toujours quelque chose de transcendant en elle. En se convertissant elle-même à l'acte intellectif, elle se libère de ses chaînes et s'envole, lorsqu'elle fait de ses souvenirs le point de départ d'une nouvelle vision de l'être essentiel.*

**2.** Contemplation visuelle

Inspectez doucement le dessin qui figure dans ce chapitre et essayez de discerner ce qu'il vous dit sur l'élément supérieur et divin qui sommeille en vous.

**3.** Contemplation thématique

Même si la vision néoplatonicienne complexe du monde vous semble étrangère, vous conviendrez peut-être qu'un élément en vous est supérieur, plus vrai ou plus divin que le reste de votre personne. Parfois, il est plus facile de remarquer l'élément sacré chez une autre personne et, par analogie, vous pouvez conclure que vous possédez vous aussi un tel élément.

Mais si tel est le cas, comment puis-je découvrir cet élément divin et m'y relier ?

### 3. Contemplation thématique

Même si la vision néoplatonicienne complexe du monde vous semble étrangère, vous conviendrez peut-être qu'un élément en vous est supérieur, plus vrai ou plus divin que le reste de votre personne. Parfois, il est plus facile de remarquer l'élément sacré chez une autre personne et, par analogie, vous pouvez conclure que vous possédez vous aussi un tel élément. Mais si tel est le cas, comment puis-je découvrir cet élément divin et m'y relier ?

*Graines de contemplation*

Pour contempler cette question, vous pourriez utiliser l'une des graines de contemplation suivantes comme un point de départ :

**a)** L'image de *la purification de ma lentille* : Seul un esprit pur peut recevoir la lumière de sources sublimes. Une lentille souillée obstrue la lumière, et mon esprit est trop « souillé » par la trivialité, l'avidité, la jalousie, la colère et d'autres choses du même genre. Je me dois donc de purifier mon esprit de toute imperfection et de tout vice avant d'essayer de discerner le divin et de m'y relier. C'est un chemin long et difficile.

**b)** Le concept de *réminiscence philosophique* : La connaissance de ma source divine est en moi, mais je l'ai oubliée. Mon esprit est trop préoccupé par des considérations pratiques, telles que des conversations et les tâches quotidiennes, et il en a oublié d'où il provenait. Je dois donc m'arrêter un moment et me rappeler les dimensions supérieures de la Vie. Cela peut se faire, comme l'explique Plotin, en philosophant sur les grandes questions de l'existence. Philosopher, c'est donc se rappeler de qui nous sommes et du lieu auquel nous appartenons.

**c)** L'image de *l'apprentissage du langage divin* : Le divin s'exprime en moi, mais mon esprit ne peut pas le comprendre. C'est parce que mon esprit ne connaît pas son langage - il ne peut comprendre que le langage des choses ordinaires. Afin de parvenir à comprendre la voix divine, je dois me consacrer à l'écoute des voix qui s'élèvent dans mon esprit. Au début, je ne les comprendrai pas, mais petit à petit, j'apprendrai leur langage.

# Chapitre 14

# LES $S$CEPTIQUES

## PUIS-JE JAMAIS ÊTRE CERTAIN ?

### Introduction

L'école philosophique sceptique a été fondée par le philosophe grec Pyrrhon aux IVe et IIIe siècles av. J.-C. et a prospéré pendant plusieurs siècles aux côtés d'autres écoles telles que le stoïcisme, l'épicurisme et le néoplatonisme. L'objectif principal des sceptiques était de parvenir à l'ataraxie, qui est un état de tranquillité et d'absence de perturbation. Il ne s'agit pas d'une expérience momentanée, mais d'un état d'esprit général, qui doit être cultivé au travers d'exercices répétés. Pour les sceptiques, nos croyances ou nos jugements sont la principale raison pour laquelle nous sommes anxieux et perturbés, et c'est pour cette raison qu'ils cherchaient à les suspendre afin de parvenir à la paix de l'esprit. De ce fait, ils pratiquaient le scepticisme à l'égard de toutes les croyances.

Dans ce chapitre, nous nous concentrerons sur un philosophe sceptique, Sextus Empiricus, qui a vécu vers la fin de la période hellénistique, aux II^e et III^e siècles apr. J.-C. Il était également un médecin qui appartenait à l'école médicale dite de « l'empirisme », d'où son nom « Empiricus ». Ses écrits constituent notre principale source de connaissances sur l'ancienne école sceptique, mais on ne sait presque rien de sa vie, pas même où et quand il a vécu exactement.

## Puis-je avoir confiance en ce que je crois savoir ?

Considérez les nombreuses choses que vous pensez savoir. Il est probable que vous connaissiez votre nom et celui de votre ville, que vous sachiez quel jour de la semaine nous sommes, que vous sachiez que le soleil est en train de se lever, que vous connaissiez la couleur de votre chien, et ainsi de suite. Cependant, le philosophe sceptique vous demanderait : dans quelle mesure êtes-vous assuré de ces choses ? N'est-il pas possible que vous vous trompiez à leur sujet ? Il est concevable que votre mémoire vous trahisse (nous sommes mardi aujourd'hui et non mercredi), que vous soyez confus (vous confondez le réverbère avec le soleil), que vous soyez sous l'emprise d'une illusion étrange (l'amour que vous portez à votre chien influence la perception que vous en avez). Il se peut même que vous souffriez d'un trouble psychologique ou que vous soyez manipulé par une organisation criminelle secrète (votre vrai nom a été effacé de votre cerveau et a été remplacé par un faux nom).

Vous pourriez objecter que cela est hautement improbable : « Les chances que je me trompe sont très minces ».

Cela peut être vrai, pourrait répondre le sceptique (mais comment pouvez-vous être certain que les chances sont minces ?), mais le fait est que vous ne pouvez pas être absolument certain de vos croyances. Il est concevable – peut-être pas très probable, mais concevable tout de même - qu'elles soient erronées.

Si vous n'êtes pas absolument certain, d'après la figure du sceptique, c'est alors que vous ne savez pas réellement. Vous pouvez savoir avec certitude ce que vous pensez, mais vous ne pouvez jamais savoir avec certitude si vos pensées sont vraies.

À présent, si nous sommes d'accord avec la conclusion du sceptique, qu'est-ce qui s'ensuit ? En pratique, devrions-nous cesser de faire confiance à nos croyances ordinaires sur le monde qui nous entoure ?

## Suspendre toutes les croyances

Sextus Empiricus, comme les autres sceptiques, soutient que les croyances que nous avons sur le monde qui nous entoure ne peuvent pas être considérées comme des connaissances. Mais selon lui, cela n'est pas nécessairement mauvais. Ces croyances sont la principale raison pour laquelle nous sommes agités. Nous sommes inquiets parce que nous croyons que nous ne gagnons pas assez d'argent, ou parce que nous croyons que notre patron ne nous aime pas, ou encore parce que nous sommes déchirés entre deux croyances contradictoires. Par conséquent, une fois que nous aurons abandonné nos croyances et que nous ne nous serons plus préoccupés par elles, nous éprouverons du soulagement et de la paix.

Plus précisément, les sceptiques distinguaient deux types de croyances : celles qui proviennent de l'expérience immédiate et celles qui proviennent du jugement. Ce que nous expérimentons de manière immédiate (par exemple, « je ressens maintenant une douleur ») ne peut être mis en doute, puisque nous savons avec certitude ce que nous ressentons. En revanche, nos jugements (par exemple, « La chaleur provoque des maux de tête ») ne sont pas évidents, car ils peuvent être vraisemblablement faux, et il faudrait alors les éviter.

Ainsi, par la suspension des croyances (des jugements) – un acte que les sceptiques appelaient l'*Epoché* – notre esprit atteint la quiétude, ou ce qu'ils appelaient l'ataraxie. Dans cet état, nous ne nous inquiétons plus de rien, car nous ne présumons plus de rien.

Comme l'explique Sextus Empiricus, pour convaincre l'esprit de se défaire de ses croyances, les sceptiques ont développé une série d'arguments destinés à contrer n'importe quelle affirmation et à montrer que son contraire est tout aussi convaincant. Par exemple, contre le jugement « Il fait chaud maintenant », les sceptiques ont fait valoir qu'il est fondé sur la sensibilité humaine, mais que pour les animaux appréciant la chaleur, il ferait froid maintenant. Cela signifie que ce jugement ne peut pas être considéré comme objectivement vrai.

*Quelques concepts clefs auxquels réfléchir :*

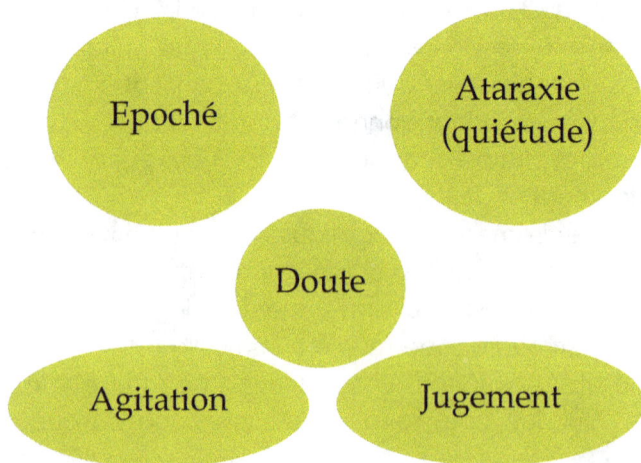

Epoché

Ataraxie (quiétude)

Doute

Agitation

Jugement

## Contemplation

Les sceptiques ont-ils raison de penser que la suspension de nos croyances peut conduire à la paix de l'esprit ?

Réfléchissons à cette question en adoptant un point de vue moins extrême. Envisageons non pas la suspension de toutes nos croyances, mais de certaines d'entre elles. Imaginez des situations où vous êtes tendu et anxieux, et où toutes sortes d'inquiétudes vous traversent l'esprit et troublent votre tranquillité. Imaginez que vous disposiez d'une technique permettant de faire disparaître de votre esprit un grand nombre de ces croyances. Cela contribuerait-il à vous apaiser ? Et, plus généralement, quel serait l'effet de la suspension des croyances sur votre état d'esprit ?

*1. Contemplation de texte*

Gardez à l'esprit les questions qui précèdent tout en lisant en silence les passages suivants, adaptés du livre de Sextus Empiricus intitulé *Esquisses Pyrrhonienne*. [18]

*Aussitôt que le sceptique commença à philosopher, il voulut discriminer entre les idées et comprendre lesquelles étaient vraies et lesquelles étaient fausses, afin d'atteindre l'Ataraxie. Cependant, il rencontra des contradictions de même poids et, étant incapable de juger, il suspendit son jugement. Et pendant que son jugement était suspendu, l'Ataraxie suivit, comme par hasard, en ce qui se rapporte aux questions d'opinion.*

*Car celui qui pense qu'une chose est bonne ou mauvaise par nature est toujours préoccupé. Et lorsqu'il ne possède pas ces choses qui lui semblent bonnes, il se croit torturé par les choses qui sont mauvaises par nature, et il poursuit celles qu'il estime être bonnes. En revanche, lorsqu'il les acquiert, il tombe dans une perturbation encore plus grande, parce qu'il est excité au-delà de toute raison et sans aucune mesure, craignant que sa situation ne change, et il fait tout ce qui est en son pouvoir pour conserver ces choses qui lui paraissent bonnes.*

*Au contraire, celui qui demeure indécis sur les choses qui sont bonnes ou mauvaises par nature, ne recherche ni n'évite quoi que ce soit avec empressement, et se trouve dès lors dans un état d'Ataraxie.*

### 2. Contemplation visuelle

Comment l'attitude sceptique peut-elle être exprimée dans un dessin ? Comment est-il possible d'illustrer le « je ne sais pas » par des formes sur papier ? Les traits sont nécessairement plus précis et plus clairs que ce qui est inconnaissable. Pourtant, un dessin peut nous transmettre l'esprit du doute et nous suggérer des façons de le comprendre de manière non verbale.

### 3. Contemplation thématique

Considérez le fait que votre esprit soit normalement empli d'idées et d'opinions. Si vous pouviez vous débarrasser d'un grand nombre d'entre elles, ou tout au moins les mettre en sommeil, seriez-vous une meilleure personne et votre vie serait-elle meilleure ? Pour le dire autrement, être affranchi des idées et des croyances (ou du moins de nombre d'entre elles) serait-il une bonne chose que nous devrions nous efforcer d'atteindre ?

**3.** *Contemplation thématique*

Considérez le fait que votre esprit soit normalement empli d'idées et d'opinions. Si vous pouviez vous débarrasser d'un grand nombre d'entre elles, ou tout au moins les mettre en sommeil, seriez-vous une meilleure personne et votre vie serait-elle meilleure ? Pour le dire autrement, être affranchi des idées et des croyances (ou du moins de nombre d'entre elles) serait-il une bonne chose que nous devrions nous efforcer d'atteindre ?

*Graines de contemplation*

Voici quelques graines de contemplation qui pourraient vous aider comme autant de points de départ pour votre contemplation :

**a)** L'image d'un ***temple sacré*** : Certaines croyances sont évidemment nécessaires pour survivre : où acheter de la nourriture, de quel côté de la route vous devez conduire, où vous résidez, etc. Mais au-delà de ce minimum, l'encombrement de l'esprit par de nombreuses croyances et pensées tend à les déprécier et à les banaliser. Nourrir un petit nombre de pensées ou de croyances nous ferait réaliser qu'elles sont des choses merveilleuses, précieuses et dignes d'être savourées. Nous devrions considérer notre esprit non pas comme une machine fonctionnelle, mais comme un temple sacré.

**b)** Le concept d'un ***esprit sain*** : Tout comme notre corps doit être exercé pour maintenir son bien-être, il en va de même pour notre esprit. Certains psychologues nous expliquent que l'esprit doit s'engager régulièrement dans une activité de réflexion, faute de quoi ses capacités se détérioreront. La question de savoir si cela est correct ou non est une question d'ordre scientifique, mais sur le plan philosophique, le fait est que, contrairement à l'approche sceptique, ce qui est le plus important dans la vie n'est pas de parvenir à une tranquillité sans souci, mais plutôt de développer un esprit actif, curieux et en bonne santé.

**c)** Le concept de la **vertu de simplicité** : Lorsque vous vous engagez dans des activités de théorisation et d'analyse, vous avez tendance à devenir plus sophistiqué. La sophistication pourrait être un outil utile pour atteindre certains objectifs pratiques, mais elle modifie également la personne que vous êtes. À mesure que vous devenez de plus en plus sophistiqué, votre attitude à l'égard des autres et de la vie change également, et avec elle votre personnalité. Vous devenez calculateur, manipulateur, orienté vers des buts précis, et vous perdez la liaison étroite qui vous unit à votre vie et à votre monde. La simplicité est donc une vertu morale et, pour l'atteindre, vous devez libérer votre esprit de toute réflexion excessive.

## NOTES

Dans le but de faciliter la contemplation, de nombreuses citations de ce livre ont été légèrement éditées, en particulier pour moderniser le choix des mots et la structure des phrases d'un style ancien. En outre, la numérotation de certains fragments a été modifiée pour correspondre à la numérotation couramment utilisée aujourd'hui.

1. Adapté de Burnet, John. *Early Greek Philosophy*. 2e éd. Londres, Adam and Charles Black, 1908, p. 54.

2. Adapté de Patrick, G.T.W. *The Fragments of the Work of Heraclifus of Ephesus on Nature*. Baltimore, Murray, 1889, pp. 88-101.

3. Adapté de Burnet, John. *Early Greek Philosophy*. 2e édition. Londres, Adam and Charles Black, 1908, pp. 197-199.

4. Adapté de Leonard, William Ellery. *The Fragments of Empedocles*. Chicago, Open Court, 1908, pp. 21-25.

5. Adapté de Burnet, John. *Early Greek Philosophy*. 2e édition. Londres, Adam and Charles Black, 1908, p. 301.

6. Adapté de Bakewell, Charles M. *Source Book in Ancient Philosophy*, 2e éd. New York, Charles Scribner's Sons. 1909, p. 60.

7. Aristote, *De L'âme*, 1-2. Adapté de Ross, W. D. et Smith, J. A. *The Works of Aristotle*, Vol 3. Oxford, Clarendon Press. 1910.

8. Diogène Laerce. *Vies et opinions des philosophes illustres*, livre 9. Ch. 8. Adapté de la traduction de C.D. Yonge, Londres, Bell and Sons, 1915, pp. 399.

9. Ibid, pp. 397-398.

10. Platon, *Apologie de Socrate*, 29, 38. Adapté de Long, George. *The Apology, Phaedo and Crito of Plato*. New York, Collier. 1909, pp. 16-25.

11. Platon, *Le Banquet*, 211. b-c. Adapté de Jowett Benjamin, *The Dialogues of Plato*, 2e edition, Oxford, Clarendon Press. 1875, Vol. 2. pp. 61-62.

12. Aristote, *Éthique à Nicomaque*, Livre 1, 7-8, 1097b 1099a. Adapté de Chase. D.P. *The Nicomachean Ethics of Aristotle*, London, Dent & Sons, 1915, pp 11-15.

13. Adapté de Hicks, Robert Drew. *Stoic and Epicurean*. New York, Scribner, 1910, pp. 170-171.

14. Marc Aurèle. *Méditations*. Livre 2. 17 et Livre 12. 3.

15. Porphyre, *Vie de Plotin*, section 2. Dans Mackenna, Stephen. *The Essence of Plotinus : Extracts from the Six Enneads and Porphyry's Life of Plotinus*. New York, Oxford University Press, 1934, p. 3.

16. Porphyre, *Vie de Plotin*, section 23. Ibid, p. 20.

17. Plotin, *Ennéade 4, Traité 8, 1 et 4*. Adapté de Ibid, pp. 146-149.

18. Adapté de Patrick, Mary Mills. *Sextus Empiricus and Greek Scepticism*. Cambridge. Deighton Bell, 1899, p. 110.

www.ingramcontent.com/pod-product-compliance
Lightning Source LLC
Chambersburg PA
CBHW062101270326
41931CB00013B/3164